全国导游人员资格考试系列教材

HENAN DAOYOU FUWU NENGLI

河南导游服务能力

河南现场导游考试教材编写组◎编

第2版

北京·旅游教育出版社

策　　划：李荣强
责任编辑：陈　志

图书在版编目（CIP）数据

河南导游服务能力 / 河南现场导游考试教材编写组编. -- 2版 . -- 北京 : 旅游教育出版社，2021.7（2025.8 重印）
ISBN 978-7-5637-4274-5

Ⅰ. ①河… Ⅱ. ①河… Ⅲ. ①导游－旅游服务－河南－资格考试－教材 Ⅳ. ①F590.63

中国版本图书馆CIP数据核字(2021)第127782号

河南导游服务能力

（第 2 版）

河南现场导游考试教材编写组　编

出版单位	旅游教育出版社
地　　址	北京市朝阳区定福庄南里 1 号
邮　　编	100024
发行电话	（010）65778403　65728372　65767462（传真）
本社网址	www.tepcb.com
E - mail	tepfx@163.com
排版单位	北京旅教文化传播有限公司
印刷单位	唐山玺诚印务有限公司
经销单位	新华书店
开　　本	710 毫米 ×1000 毫米　1/16
印　　张	10.5
字　　数	150 千字
版　　次	2021 年 7 月第 2 版
印　　次	2025 年 8 月第 8 次印刷
定　　价	32.00 元

（图书如有装订差错请与发行部联系）

编 委 会

主　编　黄安定

副主编　赵　晶　秦　娟

目 录

前　言

导游考试应试技巧

随着旅游成为人们的一种生活方式，旅游活动中导游员置身山水之间展示的精彩纷呈讲解场景或许或多或少地撩拨许多“外行人”想“试水”报考导游资格证，同时许多院校的学子们抱着“多一种证书多一条生计”的愿望纷纷加入导游考试的队伍，但更多的是“曾有激情万丈”，最终却是“屡试屡败”。究其原因，纵有考试难度加大、导游队伍渐趋饱和的因素，但最主要的应该是缺乏必要的指导和科学的方法。结合多年的导游教学及导游实践经验，特提出若干导游考试应试准备的“门道”，盼能助您“一臂之力”。

一、坚定信心

导游资格证考试经过多年的变革，现在已经形成有完整考试体系的国家级考试。导游资格考试每年下半年由文化和旅游部统一命题，考试标准全国统一，并由各省、市、自治区具体实施。既有必要的理论知识体系笔试环节，同时又有现场模拟导游考试，需要备考的知识、信息量很大，考试环节比较多，竞争也很激烈，近年全国导游资格证考试通过率在30%左右。面对系列的考验，在导游资格证考试来临之时许多考生会感到彷徨无助，由于意志不坚定直接放弃或间接放弃考试的人不在少数，这是令人非常遗憾的现象。事实上，连续多年对全国导游证考试笔试题进行卷面分析之后发现，每年导游资格证考试在出题方面，难易程度适中，整体上来看，考题基本上是书本上原知识点，考试难度并不是特别大。因此，不管出于什么目的报考导游资格证考试，如果下定了决心，那么应该坚定必胜的信念，无论如何也要全力试一试，这样不仅可以拓展自己的知识面，而且还可以考察一下自身的综合能力如何。加以持之以恒的发力，最终会收获满意的成果。

二、科学谋划

全国导游资格证考试一般都是在每年6月底开始报名，考试时间大概定在10—11月份。若是等到考试正式报名之后才开始着手准备导游考试复习，考生需要在短时间内高强度地掌握导游资格证考试所有的参考书籍。对于学习能力强的考生来说，刚好能掌握书本上的知识点，但对于绝大多数的考生，特别是非旅游专业的考生来说，要在这么短的时间内掌握全部的内容确实难度很大，考试效果也将不甚理想。因此应该做好科学谋划并提前做好准备，在上半年就要开始启动学习计划，列出详细计划表，之后要严格按照计划表中所列的内容进行落实，使自己在备考时间上争取主动权。在复习的过程中学会把自己的备考计划分为基础阶段、强化阶段和冲刺阶段，不同阶段时间分配比例大概是3:2:1，并且以月为单位。每个阶段要同步制定自己的细化备考目标，比如每天争取坚持挤出两个小时以上用于导游证考试复习。在不同阶段的任务安排中，基础阶段应通览全书，建立知识框架体系，结合考试要求，梳理重要知识点；强化阶段可以针对关键知识点查阅相关背景资料或图片加深对知识内涵的真正理解，同时可以考虑结合高质量的练习题进一步巩固相关知识点；冲刺阶段需要展开总复习，再次把书从头到尾看一遍，另外需要进行大量的考前模拟测试。

三、紧扣大纲

导游资格考试大纲是整个考试过程的纲领性文件，是命题和备考的依据。在准备过程中，考生一定要仔细阅读当年的考试大纲，避免忽略考试大纲，只顾拿着教材就看，拿着练习题就做，复习没有针对性，白白浪费时间。考试大纲中，对所考的内容分为三个层次：了解、熟悉和掌握。按重要程度排列，依次是：掌握＞熟悉＞了解。“掌握”和“熟悉”的内容，都是重点。“掌握”分值一般占50%~60%，“熟悉”分值一般占30%~40%，“了解”分值一般在10%~20%。在复习时间分配上，学会把复习时间重点花在“掌握”和“熟悉”部分。特别是在当年考纲中新增加的内容，考试的概率非常大，要做重点突破。

四、多看多练

所谓的多看，就是需要考生在复习备考时要以书本为主，不能脱离书本。

一般情况下，要求考生看完三遍：第一遍是通读，了解书本知识点的大体框架。第二遍是细读，也就是所谓的精读，特别是实践性比较强的导游业务、政策法规关键在于理解，在理解的基础上去记忆。其次是多练。考生在看书的时候把握不住重点，很多考生在看书时，觉得每句话都是重点，所以一味地去背书。完全靠背出来的东西，只是一个程序性的，在考试时很难灵活地去运用，甚者有的时候觉得什么都懂了，一到考试却什么都不懂。解决这些系列困难的方法就是要求考生在看书的同时多做一些针对教材的练习题。最好同步练习，这样便于同步掌握。考生在选择做题的同时要能够注意到题目所涉及的知识点，称之为联想法。通过对一个知识点的掌握去巩固更多的知识点，已忘记的知识点，及时看书理解，巩固记忆，这样效果更加明显。

河南现场导游考试教材编写组
2021 年 7 月

第一章
导游考试概况

第一节 考试简介

一、考试意义

全国导游资格证考试是依据《中华人民共和国旅游法》为国家和社会选拔合格导游人才的全国统一的准入类职业资格考试，目的是考察考生是否具备从事导游职业的基本素养、基础知识和基本技能。根据《旅游法》《导游人员管理条例》和《导游人员管理实施办法》相关规定，国家实行统一的导游资格考试制度，经考试合格者，方可取得导游资格证书。

国家文化和旅游部负责制定全国导游资格考试的政策、标准，对全国导游资格考试实行统一管理。省级旅游主管部门负责组织、实施本行政区域内导游资格考试具体工作。

取得导游证是从事导游工作的前提条件，而参加导游资格考试取得全国通用的“导游资格证书”，是跨入导游队伍大门的第一步。导游人员取得“导游资格证书”，与旅行社订立劳动合同或者在相关旅游行业组织注册的，可以申领导游证（电子），从事导游领队工作。

“导游资格”作为准入类“专业技术人员职业资格”项目，得到国家和省人力资源和社会保障部的重新认定，同时也实现了由“技能”向“专业技术”资质的转变。导游资格证是由国务院旅游行政部门颁发，有效期终身。

二、考试时间

《全国导游人员资格考试管理办法（试行）》规定，自 2016 年起，全国导游员资格考试在每年 11 月举行，每年一次，具体时间由国家文化和旅游部当年确定。

三、考试科目与形式

考试由笔试与现场考试两部分组成。

①笔试实行全国统一的计算机考试方式进行，笔试科目为：政策与法律法规、导游业务、全国导游基础知识、地方导游基础知识（科目一、二、三、四）。科目一、科目二合并为 1 张试卷进行测试，其中科目一、科目二分值所占比例各为 50%；科目三、科目四合并为 1 张试卷进行测试。

考试题型包括判断题、单项选择题、多项选择题。每张试卷考试时间为 90 分钟，含 165 题，共 100 分。其中判断题 40 题，每题 0.5 分，共 20 分；单项选择题 90 题，每题 0.5 分，共 45 分；多项选择题 35 题，每题 1 分，共 35 分。

②现场考试（面试）科目为：导游服务能力（科目五），以模拟考试方式进行，由省级考试单位根据考试大纲和《全国导游资格考试现场考试工作标准（试行）》组织。

科目五考试中文类考生每人不少于 15 分钟，备考旅游景区不少于 12 个；外语类考生每人不少于 25 分钟，备考旅游景区不少于 5 个。考试成绩采用百分制，中文类分值比例为：礼貌礼仪占 5%，语言表达占 20%，景点讲解占 45%，导游服务规范占 10%，应变能力占 10%，综合知识占 10%；外语类分值比例为：礼貌礼仪占 5%，语言表达占 25%，景点讲解占 30%，导游服务规范占 10%，应变能力占 5%，综合知识占 5%，口译占 20%。外语类考试语种包括：英语、日语、俄语、法语、德语、西班牙语、朝鲜语、泰语等。

四、报考条件

凡具有高级中学、中等专业学校或以上学历，身体健康，具有适应导游需要的基本知识和语言表达能力的中华人民共和国公民均可报名参加考试。

五、考试结果

考试结果以笔试成绩、现场考试成绩和总成绩分别划定分数线，笔试成绩、现场考试成绩和总成绩均满足划线要求的为合格。考试成绩当年有效。省级旅游主管部门应于考试结束之日起 5 个工作日内拟定划线方案报国家文化和旅游部，待国家文化和旅游部批复后向考生公布结果。

第二节　报考流程

一、网上报名

（一）报名网站

考生一律通过国家文化和旅游部官方网站“全国导游资格考试网上报名系统”（https：//jianguan.12301.cn/）链接进入“河南”接口，进行考试报名、交费。考生也可直接通过河南省旅游局官方网站——河南旅游资讯网（http：//www.hnta.cn）进入“导游员资格考试报名”窗口，按照报名指引如实填写相关信息并上传有关资料，进行网上操作。

（二）报名时间

自 2016 年起，每年 6—8 月进行，具体时间由国家文化和旅游部当年确定。

二、资格审核

完成网上报名后，考生须在规定的时间到省级旅游行政主管部门指定地点进行现场资格审核或按照各省旅游行政管理部门下发考试通知的要求完成网上审核。现场资格审核由各省、自治区、直辖市旅游行政主管部门安排实施。现场资格审核时，考生应提交报名信息确认表、身份证明、学历证明和健康证明（不要求必须由县级以上医院提供健康证明）。现场资格审核完成后，考生相关信息不能变更。已经获得中文导游资格，加试外语语种的考生，只考科目五。中等职业学校旅游及相关专业次年毕业生由所在学校出具证明，并统一组织资格审核，考试合格且取得毕业证书，方可领取“导游资格证书”。

考生资格审核须提供以下材料：

①从网上下载的“报名信息确认表”。

②本人身份证原件及复印件。

③高级中学、中等专业学校或以上学历的毕业证书原件及复印件。

④健康证明（主要证明考生具有完全民事行为能力和无传染性疾病）。

⑤加试外语考生，还须提交导游资格证书原件及复印件。

三、网上交费

现场资格审核合格的考生，方可交费。交费完成后，报名费不予退还。资格审核未通过或未交费的考生，不能下载打印准考证和参加考试。

笔试（机考）4 科（科目一、二、三、四），65 元 / 科；现场考试（面试）1 科（科目五）：普通话考生 60 元 / 科，外语考生 120 元 / 科。正常报考普通话考生 320 元 / 人，正常报考外语类考生 380 元 / 人，加试外语考生（只参加面试）120 元 / 人。

第三节　河南省现场导游考试概况

一、考试目的

现场导游考试在导游资格考试中，与笔试同等重要，是衡量从业者专业技能、进行资格认定的重要组成部分。通过考试，考察考生对导游规范操作技能、语言技能、讲解技能、应变能力的掌握程度；检查考生对导游应具备的基本素养、仪表、礼仪的认识和对在导游实践中应该具有的应变能力的掌握程度；考核考生对导游知识的掌握程度和临场发挥能力。此外，现场导游考试还能帮助考生提前认知导游职业角色，是导游走向正式职业岗位前的一次真实模拟实战演习。

二、考试方式

现场导游考试一般分为室内模拟导游考试和实地导游考试两种方式，河南省现场导游考试采用室内模拟导游方式。模拟情景空间和服务内容为地陪接团开始的沿途导游讲解服务和景区内实景讲解服务，以及最后的问答提问。现场考试中文类考生一般每人不少于 15 分钟，备考旅游景区不少于 12 个；外语类考生每人不少于 25 分钟，备考旅游景区不少于 5 个。考试成绩采用百分制，中文类分值比例为：礼貌礼仪占 5%，语言表达占 20%，景点讲解占 45%，导游服务规范占 10%，应变能力占 10%，综合知识占 10%；外语类分值比例为：礼貌礼仪占 5%，语言表达占 25%，景点讲解占 30%，导游服务规范占 10%，应变能力占 5%，综合知识占 5%，口译测试占 20%。

三、考试内容

考试过程中按照抽签顺序和现场安排进行沿途讲解和景点导游讲解，回答考官对导游知识及导游业务方面的提问，并注重礼貌礼节。

中文类考生现场考试内容包括：景点讲解、导游规范问答、应变能力问答、综合知识问答。

外语类考生现场考试内容包括：用所考语种进行景点讲解、导游规范问答、应变能力问答、综合知识问答和口译测试（包括“中译外”和“外译中”）。

（一）途中讲解的考试内容

由考生根据现场抽取应试的景区（点），自行假设一条从接站点或出发点前往目的地景区（点）的行车路线，进行途中车内导游讲解。内容包括：欢迎词、行程说明、注意事项、沿途标志性景物、当地或城市概况（历史、政治、经济、文化、社会话题等）、风土人情及所去景区（点）相关知识介绍（介绍时应以有代表性的人、事、物为主）。以此考察考生对地接导游工作流程的熟练程度；与游客的沟通能力与组织能力；对应试景点的熟知程度及语言表达能力与应变能力。

（二）景点讲解的考试内容

主要考查考生导游讲解是否符合规范程序，考生对城市概况的熟知程度和景点讲解的正确性、全面性、条理性，讲解是否详略得当、重点突出，具有一定讲解技巧，以及回答景点问题的正确性。

中文类景点讲解：河南嵩山少林寺景区、洛阳龙门石窟景区、焦作云台山风景名胜区、开封清明上河园、洛阳白云山景区、永城市芒砀山景区、安阳殷墟景区、三门峡函谷关、安阳红旗渠、开封焦裕禄纪念园、河南黄河小浪底风景区、济源王屋山景区、驻马店嵖岈山景区、淮阳太昊伏羲陵景区。

外语类景点讲解：河南嵩山少林寺景区、洛阳龙门石窟景区、安阳殷墟景区、焦作云台山风景名胜区、开封清明上河园。

（三）回答问题的考试内容

①有关导游服务规范方面的提问。

②对突发事件和特殊问题解决方案的提问。

③综合知识问答。

④外语类考生的“中译外”和“外译中”提问。

（四）考试要素

根据导游员应具备的基本能力和素质要求，现场导游考试的测试要素包括以下七个方面：

1. 语言表达

主要考察考生的语言能力，包括语言表达的准确性、流畅性、逻辑性、生动性、感染力、说服力及身体语言的运用等。

2. 仪表、礼仪

主要考察考生的仪表仪容和对礼节、礼仪的运用情况等。

3. 景点讲解

主要考察考生导游讲解是否符合规范程序，考生对城市概况的熟知程度和景点讲解的正确性、全面性、条理性，讲解是否详略得当、重点突出，具有一定讲解技巧，以及回答景点问题的正确性。

4. 导游规范

主要考察考生对导游服务规范及工作程序的掌握和应用。

5. 应变能力

主要考察考生处理突发事件和特殊问题的能力。

6. 综合知识

主要考察考生对所在省份重要景点知识的掌握程度，考察考生对时政、经济、文化、社会发展等方面的综合知识是否全面了解。

7. 口译

主要考察考生在中文和外语之间口头互译的能力（外语类考生）。

四、评分标准

（一）中文类考生现场考试内容

包括：礼貌礼仪占 5%、语言表达占 20%、景点讲解占 45%、导游服务规范占 10%、应变能力占 10%、综合知识占 10%。

表 1-1　中文类现场导游考试评分标准

评分标准	测试内容	分值
礼貌礼仪	（1）容貌：发型整洁，面部干净 （2）化妆：淡妆、自然、协调 （3）举止：美观、规范、大方 （4）表情：目光平视，面带微笑	5分

续表

评分标准	测试内容	分值
语言表达	（1）语音标准，语法正确，音量适中，语速得当，吐字清晰 （2）感情真挚，富有亲和力 （3）语调自然，节奏合理	20分
景点讲解	（1）主题鲜明，观点正确，条理清晰，详略得当，重点突出，结构完整 （2）方法得当，讲解生动、有趣，有一定的导游技巧 （3）现场感强，能正确回答有关景点问题	45分
导游服务规范	（1）符合导游服务规范，导游服务程序理解正确 （2）能正确、清楚地回答问题	10分
应变能力	（1）理解导游业务相关知识，具有分析、处理和解决问题的能力以及临场应变能力 （2）能正确、清楚地回答问题	10分
综合知识	（1）掌握河南省当前发生的时政、经济、文化、社会发展等方面的知识 （2）掌握重点景点的相关知识 （3）能正确、清楚地回答问题	10分

（二）外语类考生现场考试内容

礼貌礼仪占5%、语言表达占25%、景点讲解占30%、导游服务规范占10%、应变能力占5%、综合知识占5%、口译测试占20%（根据所考语种包括“中译外”和“外译中”）。

表1-2　外语类现场导游考试评分标准

评分标准	测试内容	分值
礼貌礼仪	（1）容貌：发型整洁，面部干净，口无异味 （2）化妆：淡妆、自然、协调 （3）举止：美观、规范、大众化 （4）表情：目光平视，面带微笑	5分
语言表达	（1）语音标准，语法正确，音量适中，语速得当，吐字清晰 （2）感情真挚，富有亲和力 （3）语调自然，节奏合理	25分
景点讲解	（1）内容要涉及所在城市概况并与目的地景点有关，符合地陪途中服务要求 （2）讲解景点部分要主题鲜明、观点正确、条理清晰、详略得当、重点突出、结构完整，符合导游词创作规律 （3）方法得当，讲解生动、有趣，有一定的导游技巧 （4）现场感强，能正确回答有关讲解问题	30分
导游服务规范	（1）符合导游服务规范，导游服务程序理解正确 （2）能正确、清楚地回答问题	10分

续表

评分标准	测试内容	分值
应变能力	（1）理解导游业务相关知识，具有分析、处理和解决问题的能力以及临场应变能力 （2）能正确、清楚地回答问题	5分
综合知识	（1）掌握河南省当前发生的时政、经济、文化、社会发展等方面的知识 （2）掌握重点景点的相关知识 （3）能正确、清楚地回答问题	5分
口译	（1）能准确互译关键词 （2）对需要翻译的内容快速反应，信息传递正确 （3）体现一定的语言表达能力	20分

五、考试程序

①考生按照准考证上规定的时间到达指定考点，在签到处签到。

②考生按照准考证号顺序抽取考场号和考试顺序号，进入候考室（区）候考，并于考前10分钟抽取“景点讲解”题。

③考生进入考场，将身份证、准考证交主考官；各考官在“评分表”上登记考生姓名、准考证号等信息。

④开始考试。考生先进行自选导游讲解。现场问答部分，“导游规范”“应变能力”和“综合知识”各问一题。

⑤考试结束，考生取回准考证、身份证，退出考场。

⑥各考官独立评分，填写“评分表”并签字。

六、注意事项

①现场考试实行考生匿名考试方式。考场内考生不得做自我介绍，或有其他可能暴露个人信息的行为，如有违犯按违纪处理。

②考生抽签后，不得要求更换考室和景点题目，并不得离开候考室（区）。

③开始考试。考官为考生考试部分计时，景点讲解部分至第10分钟必须结束；不足8分钟或超过10分钟者，考官在评语中注明，每少或多1分钟扣2分。

④保持考场和校区的秩序，服从现场工作人员的管理。对违反考场纪律不听劝阻的，将按有关规定严肃处理。

第二章 体态语言的运用技巧

"第一印象"是导游现场考试能否成功的重要因素，在人际知觉中，给人留下的第一印象是至关重要的。心理学研究发现，人们的第一印象的形成是非常短暂的，有人认为是见面的前 40 秒，有人甚至认为是前两秒钟。而就在这一眨眼的工夫，现场导游考试的考官就已经对你形成印象了。

美国社会心理学家阿希（Solomon Asch，1907—1996）1946 年以大学生为研究对象做过一个实验。他让两组大学生评定对一个人的总的印象。对第一组大学生，他告诉这个人的特点是"聪慧、勤奋、冲动、爱批评人、固执、妒忌"。很显然，这六个特征的排列顺序是从肯定到否定。对第二组大学生，阿希所用的仍然是这六个特征，但排列顺序正好相反，是从否定到肯定。

研究结果发现，大学生对被评价者所形成的印象高度受到特征呈现顺序的影响。先接受了肯定信息的第一组大学生，对被评价者的印象远远优于先接受了否定信息的第二组。

这意味着，最初印象有着高度的稳定性，后继信息甚至不能使其发生根本性的改变。所以，我们不能忽视第一印象的巨大作用，我们必须通过提高自身修养来打造自己的个人形象。我们应该利用良好的第一印象帮助我们完成漂亮的自我推销。

第一节　仪容仪表礼仪

仪容仪表是人的外在表现，外在表现确实影响着人的感觉、情绪、印象以及考官对自己的评价结果。

一、仪容礼仪

仪容即人的容貌，是个人礼仪的重要组成部分。仪容在个人仪表美中占有举足轻重的地位。仪容礼仪主要包括面部化妆礼仪、头发护理礼仪、香水使用礼仪、口腔卫生礼仪和其他个人卫生礼仪。

（一）面部化妆礼仪

化妆是一门艺术，又是一种技巧，它不是单纯地涂脂抹粉，更不是把自己打扮得花枝招展，而是塑造一种淡雅清新、健康自然、鲜明和谐的形象。因此在现场导游考试过程中，考生适当的化妆是必须的，但要注意以下几个问题：

1. 正确认识自己

现场导游考试的考生在化妆过程中应遵循的一个原则是扬长避短，尽量掩盖或削弱有缺陷的地方，寻找并突出自己面部最富魅力的部位，这样才能起到化妆的效果。

2. 以自然修饰为准

考生的化妆应以修饰统一、和谐自然的淡妆为准则。恰到好处的化妆，给人以文明、整洁、雅致的印象。浓妆艳抹、厚厚的粉底、鲜艳的唇膏、浓浓的香水都是现场导游考试考生化妆中的最大忌讳。

（二）头发护理礼仪

头发的功能已不是单纯地表现人的性别，而是更全面地表现着一个人的道德修养、审美情趣、知识结构及行为规范。现场导游考试考官通过发型可以准确地判断出考生的职业、身份、受教育程度及卫生习惯，更可能感受到考生身心是否健康以及对待生活和事业的态度。

因此在现场导游考试中考生头发养护一定要整齐、干净，不梳怪异的发型，不染过艳的颜色。男性考生以短发为宜，女性考生以持重端庄为佳。女性考生如果是长发，考试过程中最好用发夹或皮筋扎起来，尽量不披头散发。无论男性还是女性，前面刘海都不宜过长从而遮住眼睛，应在眉毛以上为宜，这样容易给考官留下干净、利落的印象。

（三）香水使用礼仪

适当使用香水，会使自己魅力倍增。正确使用香水，须注意以下禁忌：

1. 忌用量过多

一般情况下，1 米范围内能够闻到淡淡的幽香较为合适，若在 3 米左右的距离仍可闻到香味就显得过量了。

2. 忌使用部位不当

香水中的香精和酒精在紫外线的作用下会刺激皮肤，使皮肤易出现色素沉淀，所以涂抹香水最好的部位是光线照射不到的地方，如耳后、手臂内侧等。一般最妥当的办法是在衣领、衣角上搽一点，任其挥发。

3. 忌不同香水混合使用

不同品牌、不同系列、不同香型的香水不能混合使用，以免产生副作用。

（四）口腔卫生礼仪

考试前不喝酒，不吃葱、蒜、韭菜等有刺激性异味的食物，必要时可用口香糖或茶叶来减少口腔异味。另外，进入考场前一定要照照镜子，认真看看牙齿上是否沾有不洁之物。

（五）其他个人卫生礼仪

不留长指甲，不涂有色指甲油；男性考生注意修剪胡须和鼻毛。

二、仪表服饰礼仪

仪表不仅可以表现人的精神状态和文明程度，也体现着对他人的尊重。衣着得体、修饰恰当、风度优雅可以给人以朝气蓬勃、值得信赖的感觉。仪表服饰礼仪是一门艺术、一种文化、一种“语言”，是考生给考官留下良好“第一印象”的重要组成部分。仪表服饰礼仪包括着装礼仪和配饰礼仪。

（一）仪表服饰要求

人们的着装必须与环境保持统一，应该随着时间、地点和场合的不同，而做出相应的调整。那么参加现场导游考试的考生如何着装呢？

我们可以从两个角度来理解：一方面现场考试是面试，和其他面试一样在室内进行，是比较正式的场合，最好穿着正装，这样会给人以成熟、庄重的感觉；另一方面，现场考试可以模拟导游实际带团工作，以穿着舒适便于活动的休闲装为主，给人以轻松随和、富有活力的感觉。可见，考生穿着正装或休闲装都可以，但必须符合整洁、大方、得体的基本要求，博得考官的认同。

1. 男性考生着装要求

男性考生着装以简洁、大方、庄重为主，可以穿着正装、西装、衬衫、皮鞋，打领带，不戴饰品。如果选择穿西装，那么西装一定要合身；也可以穿着休闲装，牛仔裤、T恤衫、夹克、运动鞋，但休闲装一定不能太随便、太前卫或太过于运动，也不能一味地追求时髦和潮流而穿一些标新立异的奇装异服。

（1）男性考生西服着装规范

①要拆除衣袖上的商标。西服上衣左边袖子上的袖口处，通常会缝有一

块商标。在正式穿西服之前，一定要将商标拆除。有的人故意将商标露在外面显示其西服的品牌和档次，这是十分不妥的。

②要熨烫平整。一套平整挺括、线条笔直的西服不仅会使西服本身看上去质地精良、美观大方，也给考生带来了意想不到的效果。所以在穿西服前，考生一定要保持西服的平整、挺括，最好熨烫下。千万不能穿着皱巴巴的西服去考试，这样会给考官留下邋遢、没有修养的印象。

③要系好纽扣。穿西服时，上衣、背心与裤子的纽扣都有一定的系法。通常，单排两粒扣式的西服上衣，讲究“扣上不扣下”，即只系上边那粒纽扣，或全部不系；单排三粒扣式的西服上衣，要么只系中间那粒纽扣，要么系上面那两粒纽扣；而双排扣的西服上衣必须系上所有纽扣，以示庄重。穿西服背心，不论是单独穿着，还是与西服上衣配套，都要认真地系上纽扣。在一般情况下，背心只能与单排扣西服上衣配套。背心也分为单排扣式和双排扣式两种。根据着装惯例，单排扣式西服背心的最下面那粒纽扣应当不系，而双排扣式西服背心的纽扣则必须统统系上。

④要不卷不挽。穿西服时，一定要保持其原状，任何情况下都不要将西服上衣的衣袖挽上去，也不能随意卷起西裤的裤管，这样会给人以粗俗之感。有些考生在考试过程中比较紧张，加上考试房间空调温度开得有点高，所以在讲解过程中讲着讲着就撸起了衬衫的袖子，这是非常不合适的。

⑤要慎穿毛衫。男性考生要想将一套西服穿得有“型”有“款”，除了衬衫与背心之外，在西服里面，最好不要再穿其他任何衣物。2016 年、2017 年现场导游考试一般是在笔试结束后的 10 天左右的时间开始进行，也就是一般是在 11 月下旬到 12 月上旬之间。这个时间北方大多省份天气比较寒冷，即使这样，考生在考试时，在西装里面也只能加一件薄型“V”领羊毛衫或羊绒衫。这样既不会显得过于花哨，也不会妨碍自己打领带。不要去穿色彩、图案十分复杂的羊毛衫或羊绒衫，也不要穿扣式的开领羊毛衫或高领毛衣，否则会使西服变形走样，给人以臃肿感。

⑥要巧妙搭配。西服的标准穿法是衬衫之内不再穿其他衣物。至于不穿衬衫，而以 T 恤直接与西服搭配的穿法，在正式场合是不允许的。

⑦要少装东西。为使西服穿着时在外观上保持笔挺、不走样，就应当在西服的口袋里少装东西或不装东西。西服不同的口袋发挥着各不相同的作用。具体而言，上衣左侧的外胸口袋除了放手帕外一般不放其他东西，尤其不应当放钢笔、挂眼镜。内侧的胸袋，可以用来放钢笔、钱夹，但不要放过大过厚的东西或叮当作响的钥匙串等物。外侧下方的两只口袋，原则上不放任何

东西。

在西服背心上，口袋大多只起到装饰作用，不宜放别的东西。在西服裤子上，两只侧面的口袋只能放纸巾、钥匙包或者钱包。其后侧的两只口袋，一般不放任何东西。

（2）正装衬衫的规范着装

①衣扣要系上。穿西装打领带的时候，衬衫的所有纽扣都要一一系好。在穿西装而不打领带的时候，必须解开衬衫的第一颗领扣。

②袖长要适度。穿西装时，衬衫的袖子最好露出西服袖口 2 厘米左右。

③下摆要放好。穿长袖衬衫时，不论是否穿外衣，都要将下摆均匀掖进裤腰之内。

④大小要合身。除休闲衬衫外，衬衫既不宜过于短小紧身，也不应过分宽松肥大。

（3）鞋袜的搭配

鞋是最能体现细节的，表现人的品位和对生活的态度。与西服配套的鞋子只能是皮鞋，其颜色宜选用深色和单色。纯黑或深咖啡色的皮鞋是中庸之选。还应注意袜子的颜色最好和裤子、鞋子配套，长度也要适宜。深色裤子千万别配白色袜子。

2. 女性考生着装要求

女性考生着装以简洁、大方、雅致为主。女性考生着装的种类较多，可以穿着套装、裙子、牛仔裤、T 恤衫、衬衫等，着装不宜过于另类和华丽。如天气比较寒冷，可以加一件毛衣外套，但不要穿得太臃肿。大衣可以放在考场外面。

（1）女性考生套裙的穿法

①套裙的上衣可以短至腰部，裙子可长达小腿的中部。一般情况下，上衣不宜太短，裙子也不宜过长。上衣的袖长不超过手腕，裙子不盖过脚踝。

②穿着到位。在穿着套裙时要将上衣的领子完全翻好，衣袋的盖子要拉出来盖住衣袋；上衣的衣扣必须全部系上，不允许将其全部或部分解开。

③协调妆饰。得体的穿着打扮要求女性考生的着装、化妆与佩饰颜色一致，风格统一。就化妆而言，女性考生在穿套裙时应遵守其基本原则：既不可以不化妆，也不可以化浓妆。就佩饰而言，饰物以少为宜，不允许佩戴过度夸张的耳环、手镯等首饰。

④兼顾举止。穿上套裙之后，女性考生一定要注意在站立时采用丁字步站立，千万不可以将双腿叉得太开。另外，由于裙摆所限，穿套裙走路时不

能跑动或是大步流星地向前奔，只宜以小碎步前行。

（2）鞋袜的搭配

女性考生如果穿套裙，那么一定要配一双细跟皮鞋；如果穿的是休闲装，则应配上一双休闲鞋。

总之，着装要追求三层境界：和谐、美感、个性，而舒适与和谐、美感是息息相关的。缺点并不要紧，重要的是你自己会不会选择衣服，把自己的一些缺点掩盖起来或变为优势。所以着装前，一定要认清自己的特点，穿出自己的个性。

（二）配饰礼仪

配饰在服装穿着中有着举足轻重的作用，配饰包括手表、项链、戒指、手镯、包包、领带、围巾、帽子，等等。它们看上去很微小，不起眼，但是却攸关你的形象。男性考生的配饰最主要的是领带和手表。在现场导游考试时如果穿正装又想佩戴手表，最好选择那些做工讲究的腕表，穿正装最好不要佩戴运动型手表。穿休闲装时可以佩戴运动型的手表。

女性考生的配饰则比较多，女性考生的项链、手镯等饰品不宜过多，最好不要超过三件，纷繁杂乱的首饰会让你的形象大打折扣。

在考试中我们经常能看到有些考生喜欢把自己身上搞得像个金银首饰铺子一样，脖子上戴一条金光闪闪的粗粗的项链，这很不合适。即使在日常生活中我们最好也不要这样穿戴，一来显得很土；二来也不安全。

第二节　言谈举止礼仪

“小节之处见精神，言谈举止见文化”，在现场面试中考生的举手投足和言谈举止这些小节直接关系到考生给考官的第一印象。

一、礼貌用语

礼貌用语不仅包括语言上的礼貌用语，还包括行为上的礼貌举止。

（一）礼貌语言

①礼貌语言包括进入考场见到考官之后的问候语，如“评委老师好”“评委老师早上好”“评委老师下午好”等。在问候阶段，越简单精练越好，给考官一个干净利落的印象。

②提问环节的礼貌用语。在进行提问环节时，考生一般都是直接回答问

题，甚至考官还没有把问题提问完，考生觉得考官提问的问题正好是自己准备得非常充分的问题，于是迫不及待地回答，这是非常不礼貌的。建议考生在回答问题时可以换一种更委婉的回答方式，比如“下面谈谈我对这个问题的看法”“对于这个问题，我是这么理解的”。即使觉得自己回答的问题非常漂亮，回答完毕后还是最好加上句“请评委老师多多指教”。

对于考官提出的问题要逐一回答。当考官给考生点评或对某一个问题进行讲解时，要认真聆听。一般情况下不要打断现场考官的问话或抢问抢答，否则会给人急躁、鲁莽、不礼貌的印象。问话完毕，听不懂时可要求重复。当不能回答某一问题时，应如实告知考官。

现场导游考试过程中是由两位考官负责该考场的考试工作，一般情况下考生回答哪位考官的问题，你的目光就应先注视该考官，并适时地与另一位考官进行短暂的目光交流。回答问题时眼睛不要东张西望，也不要低望。不要与现场的考官激动地争辩某个问题。

③结束环节的结束语，包括“评委老师辛苦了”“评委老师再见”等礼貌用语。

（二）礼貌举止

1. 敲门的礼仪

现场导游考试时，无论考试房间的门是敞开的或是虚掩的，考生都不要径直走入或者推门而入，而是应该出于礼貌地先敲门，只是力度可以轻些。

（1）敲门的指法

用右手食指或者中指弯曲后敲门，不要用多个手指或者手背、手掌用力拍打。

（2）敲门的节奏

敲三下，相当于“有人吗”“我可以进来吗”的意思。敲之间的间隔为0.3~0.5 秒，太快会让人感觉心烦，太慢会让人感觉散漫不自信。如果敲四下以上，则是很不礼貌的行为。

（3）敲门的力度

敲门声音要把握好力度和节奏。敲门声音太轻，对方可能听不到；声音太大或节奏太急，可能成为影响考官工作的噪声，会让考官感觉不舒服。一般来说，每次敲门以连敲三下为宜，每次间隔时间以半秒为宜。如果没有得到回应，则考生需要稍等 3~4 秒后尝试第二次敲门，敲门声音可以适度提高，且边敲边问：“我可以进来吗？”如果得到的回答是“请稍等”，有可能是现场考试的考官正在给前面的考生评分或写评语，考生需要在门外再稍等片刻。

2. 鞠躬

很多考生进了面试考场，要么不鞠躬，要么鞠躬幅度近乎 90°，要么只是点个头，反正有很多种错误的鞠躬方式。

正确的鞠躬方式是先问好再鞠躬，先问好主要是引起考官的注意，从而能让考官看到你的完整的礼仪细节。另外，鞠躬的幅度以 15° 为宜，以臀部为轴心，头、脖子、腰要一起俯下，呈直板状。男生双手要自然垂下放在裤缝处，鞠躬时不要移动；女生可以以空姐的姿态问好。总之，要做到自然、稳重、悦目，给人以舒服的感觉。

鞠躬时应注意的事项：

①要在优雅站立的姿势基础上实现。身体挺直，五指并拢自然下垂，身体从头顶到脚下是一条线，视线向前。五指并紧从侧面向膝盖慢慢滑去，达到手指将要相碰的程度为宜，同时上身伸直由腰部带动上体下倒。

②行鞠躬礼应停步，两臂自然下垂，躬身 15°~30°，头跟随向下，并致问候语。

③切忌边看着对方边鞠躬，这是十分不雅的；切忌一边摇晃着身体一边鞠躬；鞠躬不可速度太快；切忌上身不动，只膝盖处弯曲，歪歪头，像丫鬟鞠躬。

二、讲解的最佳距离

现场导游考试时要注意保持讲解的最佳距离和角度。讲解时与考官的距离过远，有可能使考官听不清考生的讲解内容。如果考生距离考官过近，一不小心就会把口沫溅在考官脸上，这是最尴尬的。在西方一些国家从卫生角度研究得出，人说话时，可产生 170 左右个飞沫，飘扬 1 米远，最远达 1.2 米；咳嗽时能排出 460 左右个飞沫，最远可喷出 9 米远，就更别说打喷嚏会产生多少病菌了。也就是说，保持适当距离交谈，也是对别人的礼貌。

因此，从礼貌和卫生角度来讲，一般与考官保持 1.3 米左右的距离最为适宜。这样做，既让对方感到亲切，同时又保持一定的“社交距离”，在人们的主观感受上，这也是最舒服的。此外，站立时最好有一定的角度，应站在两位考官的中间位置讲解，站立的位置千万不要倾向于其中的一位考官而疏远另一位考官。倘若讲解时忽然想打喷嚏、清喉咙，要转过身“行事”，最好是取出餐巾纸捂住口，做过之后要表示歉意。

三、站姿、走姿的礼仪

（一）讲解时的站姿

考生在现场面试时的站姿要给评委一种谦恭有礼的感觉。其基本要领是：头正目平，面带微笑，肩平挺胸，立腰收腹，两臂自然下垂，两膝并拢或分开与肩同宽。

站立时不要两手叉腰或把手插在裤兜里，更不要有怪异的动作，如抽肩缩胸、乱摇头、擤鼻子、舔嘴唇、拧领带、不停地摆手等。讲解时两臂可随谈话的内容做些适度的手势，但动作幅度不可过大，不要下意识地做些小动作，那样不但显得拘谨，给人缺乏自信之感，而且也有失仪态的庄重。

在现场导游考试中，双足的位置较自由，既可并之，也可一前一后，自然成形。肌肉放松，但应保持身体的挺直。

总之，站姿应该自然、轻松、优美，不论呈何种姿势，改变的只是脚的位置和角度，而身体要保持绝对的端正挺拔，是谓古人所说的“立如松”。

（二）走姿

在进出考场时，考生的走姿要给考官一种轻盈稳健的感觉。脚步要从容轻快、干净利落，目光要平稳，行走时不要把手插在裤袋里。

四、现场考试退场礼仪

回答完问题后，考官就会让考生离开考场。记住，在离开时，千万不要忘记带上自己的身份证和准考证。一定要记住向考官道谢。有些考生在回答第 3 题的时候考官就开始打分了，所以开始放松，认为最后的礼貌环节不那么重要了。其实不然，你并不知道考官到底什么时候给你打分，所以一定要把你最好的精神面貌坚持到最后。

另外，一个得体的收尾尽管不能完全掩盖考生前面出现的缺陷，但对考生现场考试形象的最后形成有很大帮助。考生走出考场，考官们可能要相互交流一下对考生的印象，并做出初步总结，力求达成共识。这样，考生优雅、得体、礼貌的告别就能在很大程度上影响这一共识的形成。巧妙的收尾能巩固考生和考官们在短时间内通过沟通建立起的情感联系。

注意，面试结束退场时不应有下列言行：

①有的考生一边向考官致谢并道别，一边整理自己的个人材料、衣着等，这是极不礼貌的。尽管你可能是无意识的。道别本身就是一件应该认真完成的事情，当考生把它和其他事情合并进行时，就会留下不好的印象。

②为了节省考官的时间，尽量不要在考场里穿外套、戴围巾等，但一定要整齐地搭在手臂上，然后从容退出。

③有的考生向考官道别后，就认为考试终于结束了，紧张的情绪一下子得到了释放，眉飞色舞地在考场外面向其他考生畅谈自己的考试经历，甚至手舞足蹈，这都是不可取的。

④有的考生道别时，和考官东拉西扯，就是不走出去，这也很不合适。

⑤有的考生走上前去和考官道别，却用眼神瞅考官的打分记录，这也是非常不礼貌的。

第三章
语言表达技巧

现场导游考试中，考生的语言表达能力是考核的一项重要内容，主要从语音、语速、语调、节奏等方面进行考察。

第一节　普通话语音

在现场导游考试中，尤其是对于中文类的考生，普通话发音是否标准、清晰，直接关系到现场导游考试能否顺利通过。掌握标准、流利的普通话也是导游从业的基本条件之一。普通话语音的基本知识主要包括声母、韵母、声调、语流、音变等方面的知识。

一、声母

按照汉语语音学的传统分析方法，把一个音节分为声和韵两部分，它反映了声和韵两部分的配合关系。声就是声母，指的是一个汉语音节起头的辅音。只有不到 10% 的音节由单元音或复合元音独立承担，如“二（èr）”“矮（ǎi）”这样的音节没有辅音声母，叫作“零声母”音节。

声母由辅音充当，而辅音的特点是音长短、音势弱，很容易受到干扰，很容易产生“吃字”现象，从而影响语音的清晰度和可懂度。声母发音的准确和清晰，是普通话语音规范的重要组成部分，也是吐字清晰的基础。所以我们要认真练好声母的发音，努力做到“咬得准，发得清”，使整个音节完整、清晰。

普通话中 21 个辅音声母的发音是由发音部位和发音方法决定的，因此，可以根据声母的发音部位和发音方法给声母分类。

（一）按发音部位分类

发音部位是指气流受到阻碍的部位。按照发音部位的不同，可以将声母分为7类：

①双唇音（b、p、m），指上唇和下唇闭合构成阻碍；

②唇齿音（f），指下唇和上唇靠拢构成阻碍；

③舌尖前音（z、c、s），也叫平舌音，指舌尖向上门齿背接触或接近构成阻碍；

④舌尖中音（d、t、n、l），指舌尖和上齿龈接触构成阻碍；

⑤舌尖后音（zh、ch、sh、r），也叫翘舌音，指舌尖向硬腭的最前端接触或接近构成阻碍；

⑥舌面音（j、q、x），指舌面前部向硬腭前部接触或接近构成阻碍；

⑦舌根音（g、k、h），指舌面后部向硬腭和软腭的交界处接触或接近构成阻碍。

（二）按发音方法分类

发音方法是指气流受阻的方式。

①按照发音时形成阻碍和克服阻碍的方式不同，声母可以分为5类：

A. 塞音（b、p、d、t、g、k），成阻时发音部位完全形成闭塞，持阻时气流积蓄在阻碍的部位之后，除阻时受阻部位突然解除阻碍，使积蓄的气流透出，爆发破裂成声。

B. 擦音（f、h、x、sh、s、r），成阻时发音部位之间接近，形成适度的间隙；持阻时，气流从窄缝中间摩擦成声；除阻时发音结束。

C. 塞擦音（j、q、zh、ch、z、c），以“塞音”开始，以“擦音”结束，“塞音”的除阻阶段和“擦音”的成阻阶段融为一体，两者结合得很紧密。

D. 鼻音（m、n），成阻时发音部位完全闭塞，封闭口腔通路；持阻时软腭下垂，打开鼻腔通路，声带振动，气流到达口腔和鼻腔，气流在口腔受到阻碍，由鼻腔透出成声；除阻时口腔阻碍解除。

E. 边音（l），成阻时舌尖和上齿龈稍后的部位接触，使口腔中间的通道阻塞；持阻时声带振动，气流从舌头两边与两颊内侧形成的空隙通过成声；除阻时发音结束。

②按照发音时声带是否颤动，可将声母分为清音（17个，发音时声带不颤动）和浊音（4个，发音时声带颤动）。

③按照发音时呼出气流的强弱，可以将塞音和塞擦音分为送气音（p、t、k、q、ch、c，发音时呼出气流较强）和不送气音（b、d、g、j、zh、z，发

音时呼出气流较弱）。

【示例材料】

声母按发音部位分成7个部位，即双唇音、唇齿音、舌尖中音、舌根音、舌面音、舌尖后音、舌尖前音。

1. 双唇音：b p m

b：百倍 本部 板报 包办 奔波 标兵 辨别 遍布 北部 蚌埠

p：排炮 澎湃 批判 乒乓 偏僻 偏旁 爬坡 平盆 婆婆 拼盘

m：明媚 美满 买卖 茂密 命脉 埋没 面貌 秘密 美妙 弥漫

2. 唇齿音：f

f：吩咐 非凡 芬芳 丰富 方法 反复 发放 肺腑 犯法 仿佛

3. 舌尖中音：d t n l

d：等待 单调 到达 断定 当代 道德 大地 顶端 抵挡 电灯

t：天堂 探听 跳台 团体 梯田 体贴 推托 探讨

n：牛奶 南宁 难弄 男女 奶牛 能耐 恼怒 泥泞 扭捏 奶娘

l：理论 流利 玲珑 罗列 冷落 劳力 留意 榴梿

4. 舌根音：g k h

g：改革 巩固 高贵 光顾 公共 感观 规格 灌溉 公告 骨骼

k：开垦 宽阔 刻苦 可靠 空旷 坎坷 困苦 开口 慷慨 苛刻

h：欢呼 荷花 航海 绘画 浑厚 红花 黄海 黄昏 悔恨 含混

5. 舌面音：j q x

j：加紧 境界 交际 简洁 家具 经济 集结 即将 建交 积极

q：亲切 恰巧 请求 求亲 气球 齐全 弃权 铅球

x：细问 学习 相信 虚心 新鲜 先行 休息 消息 详细 形象

6. 舌尖后音：zh ch sh r

zh：庄重 主张 支柱 转折 指针 战争 状纸 政治 挣扎 郑重

ch：超产 长城 船厂 穿插 车床 出产 传播 沉重 长处 乘车

sh：山水 双手 闪烁 神圣 沙石 绅士 手术 赏识

r：仍然 柔韧 容忍 闰日 荣辱 扰攘 如若 荏苒 忍让

7. 舌尖前音：z c s

z：早做 早走 自责 自尊 自作 组织

c：层次 粗糙 摧残 仓促 措辞 苍翠 草丛 参差 从此 猜测

s：色素 洒扫 琐碎 松散 三思 思索 四散 搜索 诉讼 送死

【材料分析】

1. 送气音与不送气音的分辨

在塞音和塞擦音两组音（b、p、d、t、g、k、j、q、zh、ch、z、c）中各有三个送气音、三个不送气音。它们指的是气流送出的状态。送气、不送气是相对而言的，没有不用气就可以发出的声音。气流微弱且短的，自然流出的是不送气音。用力喷出一口气的叫送气音。在普通话中它们有辨义的作用。发送气音时要注意控制分寸，以免气流太强，有噪声。

2. 平舌音与翘舌音的分辨

首先要能够听辨，其次要找出两组音发音的区别在哪儿。共同点是舌头整个呈现马鞍形，即有两个焦点，一个在前（舌尖与上齿龈），一个在后（舌面后部与硬腭），前高后低，舌面中部呈下凹形态。舌尖前音的第一焦点比舌尖后音靠前，但第二焦点舌尖前音比舌尖后音靠后。舌尖前音的舌面中部下凹度较浅，而舌尖后音的舌面下凹度较深。

zh、ch、sh 与 z、c、s 的辨读：

在现场导游考试中发现很多学生存在平翘舌音不分的语音问题，有些是只有平舌音 z、c、s，没有翘舌音 zh、ch、sh；有些是平翘舌音不分，即便是能够区分，在发音和字的归类上跟普通话也不尽相同。那么如何掌握这两组声母的发音呢？

（1）区分发音部位

平翘舌音对应的发音方法相同，区别主要在发音部位。zh、ch、sh 是舌尖后音，发音时舌尖翘起并后缩，触及（zh、ch）或靠近（sh）硬腭前端，翘起的舌尖与硬腭前端构成阻碍，使气流受阻摩擦成声。z、c、s 是舌尖前音，发音时舌尖平伸，触及（z、c）或靠近（s）上齿背，舌尖与上齿背构成阻碍，使气流受阻摩擦成声。

（2）增强翘舌能力

方言中没有翘舌音的，要从发音动作和语音听觉上反复训练，首先要练习翘舌动作，初学时，可以夸张地把舌尖尽量后缩，以至舌尖的背面接触到了硬腭后面。这样可以找到、体会翘舌的感觉，反复操练，直到有了翘舌能力，再把舌尖前后位移，发出相对明晰的翘舌音。从听觉上，可以试着让舌尖依次抵住上齿背、上齿龈（上牙床），前硬腭、后硬腭，依次发音，细心体会、揣摩。舌尖平伸，发 s；舌尖翘起，发成 sh；舌尖平伸，又变成 s，就像用耳语不断地说“四十”。从音色上来讲，平舌音音色窄而细，出气不畅；翘舌音则相对宽而粗，出气较畅。

（3）发翘舌音主要存在的问题

①发音部位靠前。这种情况往往是考生用舌尖抵住上齿龈发音。

②舌尖过于后卷，或接触上腭的面积过大，发音含混。

③舌尖肌肉过于紧张，舌叶上翘，外部又同时伴有拢唇动作。

发音是一种口耳技能训练，正音是掌握汉字普通话标准读音，属于一种记忆的训练，如果不知道哪些字读翘舌音，哪些字读平舌音，恐怕就不是找准发音部位的问题了。

3. 翘舌音与舌面音的分辨

翘舌音与舌面音易在粤方言区产生问题，如，知道——机到。要分辨这两组音，首先要学会发音要领，它们的发音方法有相同之处，都是塞擦音、不送气音，但发音部位不同。发翘舌音舌尖翘起后顶住或靠近齿龈后部，而发舌面音的时候，舌面前部抵住或接近硬腭前部。

舌面音 j、q、x 跟 i、ü 或以 i、ü 开头的韵母拼合的，叫团音；舌尖前音 z、c、s 跟 i、ü 或以 i、ü 开头的韵母拼合的，叫尖音。普通话里没有尖音，只有团音。有部分考生经常把舌面音发成了尖音，也就是将舌面音发得太靠前了。

4. 唇齿音 f 与舌根音 h 的分辨

要读准这两组音，首先要掌握发音要领，弄清楚它们的相同之处和不同之处是什么。首先它们的发音方法是一样的，都是清擦音，区别是在成阻部位上，唇齿音 f 是上齿和下唇形成阻碍，而舌根音 h 的成阻部位在舌根和硬腭与软腭的交界处。了解了发音部位，着重练习发音部位，这是分辨两个声母的前提。其次要进行听力训练，从听感上能灵敏地区分 f、h。

5. 鼻音 n 和边音 l 的分辨

它们的发音部位相同，不同的是发音方法。n 是鼻音，从鼻腔流出。l 是边音，发音时气流从舌的两边流出。如感觉不到，可把鼻子堵住，发音困难的就是鼻音，因为气流出不来了；相反，发音不困难的就是边音。练习发边音时可适当地将嘴咧开一些，这样就可以帮助气流从舌头两边顺利流出。有的考生不是不会发 n、l，而是受方言影响不知道哪些音节该发 n 或 l，这就需要去牢记。

二、韵母

韵母是每个音节中声母后面的部分。它主要是由元音构成的（鼻韵母由鼻辅音 n 或 ng 作韵尾）。韵母是每个音节不能缺少的构成部分。没有韵母，就不能构成音节。韵母里面分韵头、韵腹、韵尾。当两个或三个元音充当韵母时，口腔开度最大、声音最响亮的元音是韵腹。比如“iɑn”中i是韵头，ɑ是韵腹，n是韵尾。只有一个元音的韵母，这个元音就是韵腹，如i、ɑ。作韵头的元音只有i、u、ü，如iɑ、uɑ、üe。作韵尾的只有元音i、o（u）和辅音n、ng，如：ɑi、ɑo、ɑn、ɑng。

韵母按结构特点分为三类：单元音韵母（单韵母）、复元音韵母（复韵母）、鼻元音韵母（鼻韵母）。

（一）单韵母

由一个元音构成的韵母叫单韵母，又叫单元音韵母。单元音韵母发音的特点是自始至终口形不变，舌位不移动。普通话中单元音韵母共有10个：ɑ、o、e、ê、i、u、ü、-i（前）、-i（后）、er。

（二）复合元音韵母

复合元音韵母是由两个或三个单元音复合组成的韵母。这种复合元音并不是两个元音或三个元音的简单相加，而是一种新的固定的音组。发音特点是：第一，发音时开口度、舌位、唇形有变化，这种舌位的移动过程叫“动程”，动程是一个滑动的渐变的过程，而不是跳动的；第二，复元音韵母必须读成一个整体，中间不能间断；第三，几个元音有主有次，其中一个开口度大、响度大、发音较清晰的元音叫主元音，又叫“韵腹”。主元音前后的元音发音轻、短、模糊，分别叫“韵头”“韵尾”。

（三）鼻韵母

鼻韵母可分为前鼻音韵母ɑn、en、in、ün、iɑn、uɑn、üɑn、uen和后鼻音韵母ɑng、eng、ing、ong、iɑng、uɑng、ueng、iong。

（四）四呼

按韵母开头的元音发音口形，又可分开口呼（ɑ、e、-i、er、ɑi、ei、ɑo、ou、ɑn、en、ɑng、eng）、齐齿呼（i、iɑ、ie、iɑo、iou、iɑn、in、iɑng、ing）、合口呼（u、uɑ、uo、uɑi、uei、uɑn、uen、uɑng、ueng、ong）、撮口呼（ü、e、üɑn、ün、iong）四类，简称“四呼”。

【示例材料】

韵母按照语音结构可分为三大类，即单韵母、复韵母和鼻韵母。

1. 单韵母：ɑ、o、e、ê、i、u、ü、-i（前）、-i（后）、er

ɑ:

沙发　打靶　马达　大厦　发达　喇叭　爸爸　妈妈

o：

伯伯　婆婆　默默　破案　破格　摸底　磨灭　墨水

e：

隔阂　合格　客舍　特色　这个　折射　哥哥　可乐

ê：

欸

i：

笔记　激励　基地　记忆　霹雳　习题　一起　礼仪

u：

补助　读物　辜负　瀑布　入伍　疏忽　住宿　朴素　夫妇

ü：

聚居　区域　屈居　须臾　序曲　语序　女婿　曲剧　序曲

-i（前）：

自私　私自　此次　次子　赐死　恣肆　子嗣

-i（后）：

实施　实质　支持　知识　值日　制止　直视

er：

而且　尔格　耳朵　二胡　儿戏　二哥　儿歌　耳环

2. 复韵母：ai　ei　ao　ou　ia　ie　ua　uo　üe　iao　iou　uai　uei

ai：

爱戴　开采　灾害　拍卖　海带　摆台　晒台　太晒　开赛

ei：

妹妹　配备　肥美　北美　飞贼　黑煤　北非　菲菲

ao：

懊恼　操劳　高潮　骚扰　早操　爆炒　冒号　祷告　稻草

ou：

丑陋　兜售　口头　后头　漏斗　收口　叩首　喉头　收购

ia：

加压　恰恰　压价　加价　佳佳　下嫁　假牙

ie：

结业　贴切　铁屑　歇歇　谢谢　怯怯　结节

ua：

挂花　娃娃　画画　花袜

uo：

错落　硕果　脱落　坐落　陀螺　火锅　阔绰　罗锅　错过

üe：

雀跃　约略　绝学　跃跃

iao：

萧条　渺小　吊销　疗效　巧妙　调料　小调　窈窕　秒表

iou：

久留　求救　绣球　优秀　牛油　留有　幽幽　悠悠　有救

uai：

外快　怀揣　乖乖　外踝

uei：

垂危　归队　悔罪　荟萃　愧对　卫队　追尾　尾椎　回味

3. 鼻韵母：an　en　in　ün　ian　uan　üan　uen　ang　eng　ing　ong　iang　uang　ueng　iong

an：

参展　反感　烂漫　赞叹　展览　湛蓝　酣战　犯难　干饭

en：

真人　根本　门诊　人参　认真　本分　沉闷　深沉　深圳

in：

引进　仅仅　殷勤　近邻　拼音　信心　濒临　辛勤　饮品

ün：

军训　遵循　军魂　云云　芸芸　群运　均匀

ian：

田间　偏见　沿线　牵线　垫肩　眼线　前天　前线　简便

uan：

万贯　传唤　换算　专断　转换　专款　酸软　贯穿　转弯

üan：

源泉　轩辕　涓涓　全权　拳拳　渊源　源源　全院　全员

uen：

困顿　滚滚　昆仑　温存　馄饨　谆谆　春笋　伦敦　温顺

ang：

刚刚　帮忙　苍茫　上当　厂房　沧桑　长方　商行　上场

eng：

风声　升腾　萌生　更正　生冷　正逢　整风　声称　省城

ing：

姓名　命令　经营　情景　定型　英明　清净　兵营　警醒

ong：

共同　轰动　恐龙　空洞　瞳孔　通红　公共　脓肿　浓重

iang：

想象　响亮　两样　洋相　亮相　香江　湘江　良将　粮饷

uang：

状况　双簧　狂妄　往往　装潢　窗框　框框　网状

ueng：

主人翁　蕹菜　水瓮　渔翁

iong：

炯炯　汹涌　穷凶　熊熊

【材料分析】

1. o 与双唇阻声母 b、P、m 和唇齿阻声母 f 有拼合关系，而 b、P、m、f 与 e 没有拼合关系。“be”是错误的。

2. 发 e 时，保持微笑状态，上下齿从外观上可见到，要稍有些距离，这样发音会圆润响亮。

3. 发 u 时，唇不要用力向前噘，那样音色会更加浑浊。应该在收圆嘴唇的同时，两颊的肌肉微微向外绷起，发音效果会好很多。

4. -i（前）只跟 z、c、s 配合，不和任何其他声母相拼，也不能自成音节。

5. -i（后）只跟 zh、ch、sh、r 配合，不与其他声母相拼，也不能自成音节。

6. er 发音时，口腔半开，开口度比 ê 略小，舌位居中，稍后缩，唇形不圆。在发 e 的同时，舌尖向硬腭轻轻卷起，不是先发 e，然后卷舌，而是发 e 的同时舌尖卷起。“er”中的 r 不代表音素，只是表示卷舌动作的符号。er 只能自成音节，不和任何声母相拼。如“儿”“耳”“二”字的韵母。“二”读音［ɑr］；其余读音［er］。

7. 发前鼻音韵母时，要检验声音收住时自己的舌尖是否贴在了硬腭的前端与上齿龈的交界处，如果舌尖没有移动到位，这个音一定是模糊的，一定不到位。

三、声调

声调是依附在音节上能区别意义的高低长短的语音现象。汉语音节由三部分组成：字音的起始部分是声母，声母后面的部分是韵母，而贯穿整个字音的是声调。声调又叫“字调”。比如：“辉（huī）”“回（huí）”“毁（huǐ）”“惠（huì）”四个音节的声母都是 h，韵母都是 ui，但是它们的声调不同，就成了不同的音节，代表不同的意义。所以，声调是构成音节非常重要的成分。一个音节没有标上声调，这个音节就毫无意义。

声调的分类叫调类，是声调的名。普通话一共有 4 个调类：阴平、阳平、上声、去声。

（一）阴平［55］

发音时，气息压力较大，声调最高，保持不变，因此又叫“高平调”。

（二）阳平［35］

发音时，气息从较弱起，压力逐渐增强，音高随之从“中”到“高”，即从［3］到［5］，又叫“中升调”。

（三）上声［214］

发音时，气息弱起，压力渐小，声带放松，音高从“半低”的［2］起降到［1］，稍稍延长，然后气息压力迅速加强，音高上升到“中高”的［4］，整个调值呈曲折状，又叫“曲折调”或“降升调”。

（四）去声［51］

发音时，起始气息压力大，音调高度［5］，然后迅速减小气息压力，音高也降到最低的［1］，音长在四个声调中是最短的，又叫“全降调”。

四、语流音变

在语流中，由于受到相邻音节的相邻音素影响，一些音节中的声母、韵母或声调会发生语音的变化，我们称为语流音变。常见的音变有轻声、词的轻重格式、儿化等。

（一）轻声

普通话的每个音节都有它的声调，可是在句子里有些音节常常失去了原有的声调而念成较轻、较短的调子，叫作轻声。一般说，在阴平、阳平、去声后面读的调子比前一个音节要低，上声后面的轻声比前面音节要高一些。

1. 轻声的作用：区别词性和词义

例如：

A. 地道

地道战——地下的坑道（名词）

不地道——真正的、好的（形容词）

B. 东西

东西大街（名词）

不是东西（形容词）

应该注意有些必须读成轻声的音节，以避免造成词义不清，使听众误解。

例如：包含（包括）　报酬（钱）　比试（比赛）

　　　包涵（体谅）　报仇（报复）　笔试（用笔答卷）

2. 轻声音节出现的规律

A. 语气词“吧、吗、啊、呢”等读轻声；

B. 助词“着、了、的、地、得、们”等读轻声；

C. 名词的后缀“子、儿、头”等读轻声；

D. 表示趋向的动词、方位词读轻声；

E. 按照习惯读轻声的，如：玻璃。

（二）词的轻重格式

1. 双音节的轻重格式

A. 绝大多数是“中—重”格式

例如：日常、交通、宝贵、阅读、家乡田野

B. 有一部分是“中—次轻”格式

例如：经验、记者、工人、况且、颜色、爱戴

C. 也有一部分是“重—轻”格式

例如：清楚、唠叨、力气、痛快、喉咙、荤腥

2. 三字词的轻重格式

A. 绝大多数为“中—次轻—重”的格式

例如：播音员、共青团、东方红、法西斯、河北省

B. 也有“中—重—轻”的格式

例如：枪杆子、命根子、小姑娘、胡萝卜、好意思

C. 还有少数为“重—轻—次轻”格式

例如：保不齐、小不点、吃不消、生意经、说得来

3. 四字词的轻重格式

A. 绝大多数为“中—重—中—重”格式

例如：丰衣足食、日积月累、心平气和、根深蒂固

B. 少部分为“中—轻—中—重”格式

例如：社会主义、大大方方、集体经济、南京大学

C. 极少口语为“中—次轻—重—轻”格式

例如：敬而远之、相形之下、惨不忍睹、义不容辞

（三）儿化

儿化又称儿化韵，是指后缀的“儿”字不自成音节，而同前面的音节合在一起，使前一音节的韵母成为卷舌韵母。

儿化的作用如下：

A. 区别词义，如：眼（眼睛），眼儿（小窟窿）。

B. 区别词性，如：盖（动词），盖儿（名词）。

C. 表示喜爱亲切的感情色彩，如：小孩儿。

D. 表示少、小、轻的状态和性质，如：蛋黄儿。

【训练材料】

1. 词语

杂志　杂技　绘制　汇集　资格　及格　年龄　年纪　纪念　制度
季度　纪律　自由　最近　昼夜　从前　采取　值日　日记　自治区
宁夏回族自治区　西藏　宣传　相传　履历　品位　奶嘴　节日
节约　精细　技巧　竞技　经销　需求　神气　炉子　咳嗽　他们
软和　好处　体面　舒服　学生　儿子　馒头　力量　福气　数落
故事　相声　稳当　三个　凑合　骆驼　嫉妒　闺女　暖和　爸爸
帽子　报酬　勤快　苗条　麻利　名堂
欣欣向荣　繁荣昌盛　锦绣前程　心平气和　镇定从容　英勇绝伦
平易近人　聚精会神　赤胆忠心　正大光明　精兵简政　人才出众
名正言顺　心明眼亮　畅通无阻　山明水秀　花红柳绿　风调雨顺
光明磊落　兵强马壮　中流砥柱　千锤百炼　经年累月　胸怀坦荡
万里山河　绿草如茵　热火朝天　妙手回春　四海为家　大显神通
奋笔疾书　跃马扬鞭　能工巧匠　苦尽甘来　虚怀若谷　心满意足
异口同声　统筹兼顾　热火朝天　大好河山
包干儿　差点儿　没事儿　烟卷儿　一会儿　年头儿
帮忙儿　面条儿　针鼻儿　咬字儿　中间儿　旦角儿

本色儿　唱片儿　快板儿　碎步儿　小辫儿　走调儿

2. 绕口令

（1）一个孩子拿双鞋子，看见茄子放下鞋子，拾起茄子忘了鞋子。

（2）树上结了四十四个涩柿子，
树下蹲着四十四只石狮子，
树下四十四只石狮子要吃树上四十四个涩柿子，
树上四十四个涩柿子涩死了树下四十四只石狮子。

（3）撕张字纸包柿子，
包包柿子给侄子，
侄子吃了红柿子，
扔了包柿子的字纸。

（4）高高山上一条藤，
藤条上面挂铜铃。
风吹藤动铜铃动，
风停藤停铜铃停。

（5）真冷真冷真正冷，
冷冰冰，人人都说冷。
说冷也不冷，
人能战胜风，更能战胜冷。

（6）天上满天星，
地上满山灯。
满天星亮满庭，
满山灯接满天星。
星映灯，灯映星，
分不清是灯还是星。

（7）一颗星，孤零零，
两颗星，放光明。
三四五六许多星，
照得满天亮晶晶。

（8）小石与小史，
两人来争执。
小石说“正直”应该读“政治”，
小史说“整治”应该读“整枝”。

两人争得面红耳赤，
谁也没有读准“正直”“整治”“政治”和“整枝”。
（9）小姑娘儿，红脸蛋儿，红头绳儿，扎小辫儿，
黑眼珠儿，滴溜转儿，手儿巧，心眼儿快，
能开地（来）会种菜，担水浇花儿走得快。
（10）有个小孩儿叫小兰儿，
挑着水桶儿上庙台儿，
摔了个跟头拾了个钱儿，
又打醋又买盐儿，还买了一个小花碗儿。
小花碗儿真好玩儿，
红花儿绿叶儿镶金边儿，
当间儿还有个小红点儿！

第二节　创造声音表情的技巧

现场导游考试中要想导游词讲解非常生动、能打动现场评委老师，最为关键的是要有善于创造声音表情的技巧。创造声音表情的技巧主要是巧妙地利用有声音但无固定意义的各种手段，比如发音、音质和音调的高低与强弱、音量的大小、语速的快慢、停顿、沉默、叹息，等等，与现场评委老师进行有效的沟通交流。创造出声音的表情是一种语言表达艺术。我们创造声音表情的技巧可以通过调谐语调、控制音色、调节音量、讲解停顿、运用语速、丰富语气、和谐节奏等实现。

一、调谐语调

语调是指全句声调的高、低、长、短、抑、扬、顿、挫以及声音的轻重快慢等。语调就是利用这些因素把表达者的思想感情和态度表现在语音上，形成不同的高低起落。语调是根据表达内容与表达者内心感情的起伏变化来决定的，只要表达内容和表达者的感情态度有了变化，语调也就自然发生变化。俗话说“锣鼓听声儿，说话听音儿”，口头表达中的一些弦外之音往往是通过巧妙地运用语调表现出来的。

在现场导游考试中，考生可以根据不同的讲解内容以及不同情感的表达需要而运用不同的语调，这样的导游语言表达会将要讲解内容的内涵以及自

己的情感表现出来，有助于引起现场考官的共鸣，给考官留下深刻的印象。在一段导游讲解中，语调的安排要随着讲解内容的变化而变化，要有高潮、低潮的升降起伏。高潮时，语调要比较高亢激扬；低潮时，语调要低沉平稳。要使语调抑扬高低，错落有致，从而使讲解带上比较强烈的感情色彩。

二、控制音色

音色又叫音质，就是声音的特色。每一位考生音色的好坏既有先天的因素，也与后天的训练有关。一般的人经过训练，都可以使自己的音色更加纯正。经过训练之后，也许考生的音色不如歌唱家那么优美，但是只要明亮、柔和，声音充满热情，能够充分展现自己的个性，就能成功地为自己的现场导游考试增加亮点，从而提高评委老师的评分。声音明亮指声音圆润、明朗、有弹性。这种声音显得自然，不做作，同时又刚柔相济，善于表达感情，使说话声情并茂，还能因为气息长久而传得较远。说话时最忌讳的是无力的、没有弹性的、沙哑的、沉闷的声音。这种声音不但传不远，就是在离得近的地方听起来也很吃力，很不舒服。

考生在现场导游考试过程中要学会控制自己的音色。控制音色主要是指在现场导游讲解时的音色要明亮、柔和，这一点也是由导游讲解的内容的语境决定的。在考试现场，如果考生音色太尖利，会使考官神经紧张，影响讲解气氛；音色中鼻音太多，又会给考官以无精打采的感受。而明亮、柔和的音色则会使考官感到亲切自然、轻松融洽，容易创造和谐的气氛。

三、调节音量

人们在讲话时声音的大小会不断地变化，这种变化不是无目的的、随意的，而是要受到表达内容或者表达者感情的制约。讲话时音量的大小有两点基本要求：一要恰当、适度。声音当大则大，当小则小，当平则平。大，不可大到声嘶力竭的程度；小，不可小到别人没法听到的地步。二要顺畅、自然。音量没有根据地忽大忽小，生硬地变幻莫测，不仅听起来不自然、不舒服，还会引起误解，干扰内容的正常表达。总之，音量的大小变化是由讲解内容的思想感情决定的，而恰当的音量又会有助于考生在讲解过程中思想感情的表达。

对现场导游考试的考生来讲，大声疾呼、慷慨陈词、轻声细语都有特定的需要，如果在现场导游考试过程中恰当地选择和调整，就会收到理想的效果。

四、讲究停顿

语言表达中之所以停顿主要是由生理原因和语言表情达意的需要来决定的。语言表达中的停顿是语言有效表达的重要要素之一，没有停顿，就没有节奏；没有节奏，就难以表达各种必要的情感。现场导游考试过程中的停顿，可以丰富表达内容，增加语流波澜，使表达富有情趣，富有新意。

现场讲解过程中的停顿主要有换气停顿、语法停顿、逻辑停顿、心理停顿四种。这四种停顿有机地联系在一起，是语言表达停顿不可分割的统一体。

换气停顿主要是生理方面的需要，主要作用是缓气，减弱呼气和吸气的声音。正确运用换气既使气息顺畅，又有助于发挥其他三种停顿的作用。

语法方面的停顿主要是为了区分语言单位。正确地运用了语法停顿，就能使由各种语言单位充当的各种句子成分的关系正确、清晰，否则有可能使表达模糊、错误。

逻辑的停顿基本是出于强调、呼应、转换等方面的需要，目的是使表达更加准确。强调性的逻辑停顿一是根据表达的内容确定；二是根据表达的目的确定。考生在现场讲解过程中想强调什么讲解内容或者需要游客注意什么信息，就可以采取逻辑停顿。呼应性的逻辑停顿，“呼”是强调的内容，在“呼”之后要加以停顿，停顿一下以后才是“应”的内容。对考生来说，在讲解过程中，要区分好“呼”与“应”这两部分的具体内容，并注意调整如何“呼”以及如何“应”，把握了这一点，就会使讲解的内容听起来比较容易。转换性的逻辑停顿主要是语意、文势以及表达感情转折的需要，是为了提醒讲解的对象注意下文的转变。

心理停顿则是现场讲解者表达情感的需要。在现场讲解过程中，讲解者自己心理感受的变化以及希望给予讲解对象的各种心理暗示都是通过心理停顿体现出来的。心理停顿的时间一般比较长，而逻辑停顿常重在强调表达的要点，以引起讲解对象的注意，停顿时间一般比较短。心理停顿主要是为适应情感表达的需要，一般不受时间限制，也不太受语音停顿和逻辑停顿习惯的限制，主要是为了引起听众的特别注意，并且把听众的注意点引到所表达的内容上来。这一点对导游讲解十分重要，因为心理停顿往往是引起游客特别注意或者调动游客参与的积极性或者使游客融入讲解活动的重要手段。

现场考试考生在导游语言表达中应该特别加以注意的是逻辑停顿和心理停顿，了解并驾驭这些停顿所负载的各种特殊表达意义。在一段讲解中，在哪儿停，什么时候停，怎么停，都是很有讲究的，如果不注意，就会影响表达效果。

五、语速

在一段讲解过程中，语速要根据讲解的内容以及讲解的具体要求、需要来控制。在正常情况下，比如叙述、说明、解释时，一般用中速表达；在庄重场合或需要表现冷静的风格时，一般用慢速表达；在需要讲解情绪大起大落的内容或需要表现昂扬激荡的情感或表达重要的评论时，可以用快速表达。如果语速过快，游客往往难以消化；语速过慢，游客容易产生厌烦情绪。考生在导游讲解过程中，语流一般应该保持在适中的速度上，平稳中追求一些变化，顺畅中安排一些起伏，如果能使表达语速与讲解内容、讲解情绪有机地联系在一起，就必然会打动考官，使考官的情感活动随着讲解的速度同步进行。

六、语气

现场导游讲解时，语气要千变万化，从而传达出或赞叹或惊奇或亲切或欢快或叹服或谴责或惋惜或哀伤的种种情态。讲解中，要能够根据需要巧妙地表达出各种恰当的语气，感染考官。

七、协调平仄

汉语语音有四个声调，第一声、第二声是平声，第三声、第四声是仄声。汉语的诗词曲赋十分严格地讲究声调的平仄交替，追求声音的起伏变化，这已经成为汉语言特有的一种文化现象。在导游讲解过程中，更应该注意所讲解内容的平仄交替。语句平仄交错，我们会觉得很自然，在一句话中连用几个平声或仄声，不但听起来别扭，就是说起来也别扭。可见，如果不注意这一点，就会使语音缺少抑扬顿挫的变化。如：

| | | | | | | | | | | | | | | | | | | |

（1）打夜里起就断断续续地下雨，计划去的景点怕是

| | | |

去不了了。

— —

（2）他们轻轻哼着乡音山歌，依着山坡舒舒服服伸出胳膊拍拍子。

例（1）从头至尾用的都是仄声字，例（2）从头至尾用的都是平声字，

声调上都缺乏起伏有致、抑扬顿挫的变化，使表达在音律上单调而沉闷。可见，表达中必须注意调节语音的平仄。

导游词讲解主要是依托语音进行交际，讲究利用并发挥语音的表情艺术十分重要，所以在导游讲解过程中要讲究声音的平仄交错。平仄相间，不仅能使导游讲解流畅自如，还能使表达气势磅礴，甚至能产生震撼人心的力量。例如：

（澄澜堂）

澄澜堂位于鼋头渚的高处，居中面湖，视野开阔，远眺近览，景色各异。

|—— ||—— —— || —|——

在这里看太湖，晴天，淡泊宁静，万顷金沤；雨天，烟波浩渺，峦影空朦。

||—— |———— ——|| ||——

风起，黛浪奔腾，水天相连；云涌，轻烟曼舞，变幻无穷。

上例就比较注意平仄的协调配置，从“—”“|”的标示中可以看出四字一顿、两顿一组的句子比较讲究平仄搭配，收到了抑扬顿挫的表达效果。

八、和谐节奏

一般将节奏分为轻快型、凝重型、低沉型、高亢型、舒缓型、紧张型六种。

导游语言在调整节奏方面，主要是要做到音节、音步的搭配匀称、平稳，给人以整齐和谐的美感。首先应尽量选用音节相称的词语，使之互相搭配和互相对应，如单音节匹配或对应单音节，双音节匹配或对应双音节，多音节匹配或对应多音节，等等。比如“加以学习”“互相帮助”，如果打乱这种整齐的双音节之间的搭配，说成“加以学”“互相帮”，就会拗口，不顺耳。再如“见树不见林”与“只见树木不见森林”，这两种表达形式中单音节与双音节不同的选择搭配，主要是出于音节平稳的需要。

我们可以通过扩充或压缩词语的音节以达到平稳节奏的目的。例如：

（1）皇帝祭天时要在神位前供奉：玉帛、整牛、羊、猪、菜肴、酒果等。

（2）嵩岳寺塔虽然历经改朝换代的战火和近千年的风雨，却仍耸立，成为集北魏建筑、雕刻、绘画于一体的宝贵文化财富。

例（1）中在连续几个双音节词中却夹杂着“羊”“猪”等单音节词，使音步显得有些不平稳，必须按要求调整，考虑调整为：“皇帝祭天时要在神位前供奉玉帛、整牛、整羊、整猪、菜肴、酒果等。”例（2）中的“却仍耸立”

句，字数过少，前重后轻，节奏上与前一句极不协调，必须加以适当扩充。可以考虑调整为："嵩岳寺塔虽然历经改朝换代的战火和近千年的风雨，却仍巍然耸立在河南这片辽阔的土地上，成为集北魏建筑、雕刻、绘画于一体的宝贵文化财富。"

使相应音节互相匹配也好，根据具体语境对音节进行压缩、扩充也好，都是根据表达需要对节奏进行的积极调整；表达时如果不注意这一点，或打乱某种齐美的节奏，不仅说起来拗口，听起来也不顺耳。所以，在导游词表达中，一定要讲究音步节奏的和谐流畅。

第四章 现场讲解技巧

俗话说“江山之美，全靠导游之嘴”。导游讲解不是演讲，也不是演戏，导游员是用平易、通俗、流畅而干净的口语向客人讲解。导游员使用的口语应当亲切自然，随意天成，贴近生活。忌居高临下，死板呆滞，如背台词；忌夸夸其谈，如江湖卖艺。贴近生活不是简单化、庸俗化，而是生活化、深情化，从平凡中折射出隽永的意味，从朴实中流溢出人性的真诚。导游员越不装腔作势、矫揉造作，客人越觉得易于亲近，交流越深。

现场导游考试中，考生要尽量避免生硬的毫无任何感情的死背导游词，而是要通过考生精彩的讲解，能使祖国的大好河山更加生动形象，使各地的民俗风情更加绚丽多姿，使沉睡千百年的文物古迹死而复活，使令人费解的自然奇观有了科学答案，使造型奇巧的工艺品栩栩如生，使风味独特的名点佳肴内涵丰富，从而给考官留下经久难忘的印象。要达到这种境界，考生必须加强修炼，着力提高自己的讲解水平。

第一节 现场讲解的基本要求

导游语言是导游员在旅游活动中讲解景点、表达感情、与客人交流思想的一种语言，它是一种具有丰富的表现力，生动活泼、清爽雅洁的口头语。考生进行现场模拟导游讲解时，要做到以下基本要求：

一、正确、清楚

所谓正确，首先是语言要规范，要合于语法，用词要准确，注意褒贬、不同场合和分寸感；事实要清楚、正确，不能张冠李戴，更不能随意杜撰、信口开河。所谓清楚，指语言要干净利索，不拖泥带水，不结结巴巴，语速不快不慢，音量要适应不同环境，语言纯正，注意抑扬顿挫和讲解内容的关系。提高考生的语言修养，主要是两个方面：一要深刻理解；二要善于表达。前者是指考生对自己所要讲解的知识，如城市概况、旅游景点、民俗风情等要充分地理解。理解得越深，越能心中有数，讲起来便可以尽情挥洒，游刃有余。如果自己都不了解或不太了解，那就只好边讲边想，东一榔头，西一棒子，结果是“以己昏昏，使人昏昏”。后者是指考生要善于用语言去架设一条通往考官心灵的桥梁。英国学者弗·培根说：“逻辑与修辞使人能言善辩。”我们的解说一定要有逻辑性，由此及彼，内表及里；一定要注意修辞，注意导游技巧。

如河南的考生无论是讲到少林寺还是龙门石窟，都免不了要讲佛教，讲到三身佛。往往有的考生自己都不明白何谓三身佛，在讲解的时候就更讲不清楚了。可以这样来讲“三身佛”：

佛家说“一佛有三身，三身即一佛”。以释迦牟尼为例，其法身称毗卢遮那佛，供养时居中；左为报身佛，称卢舍那佛；右为释迦牟尼佛，为应身佛，是应俗世众生需求，为度化众生而变化之身。

所谓“法身”，是指佛从先天就具有的佛法（绝对真理）体现于自身的佛身，也就是体现了佛法的佛本身。

所谓“报身”，是指以“法身”为“因”（基础、根据、源泉），经过修习而获得的佛果之身。

所谓“应身”，指佛为普度众生的需要而显现之身。

打个不贴切的比喻，“法身”就像一个人拍的“标准像”，“报身”就像贴在博士或博士后学位证书上的像，“应身”就像贴在工作证上的像。

这样一种讲解，巧妙地把晦涩难懂的佛教用语解释得非常清晰和生活化，更容易被游客接受。

二、准确

一说到准确，许多人首先想到数字的准确。实际上，准确应当包括以下几层含义：

（一）身份、场景的准确

现场导游考试中，往往发现许多考生把握不好自己的身份和讲解场景。如：在进行沿途导游讲解时，经常听到考生这样说：大家刚来此地，对本地情况不了解，我给各位讲下本地的概况，或“我给各位说一下”，甚至说“我告诉你们"等。这是不正确的。在实际带团过程中，一般来说许多客人年纪比我们大，知识比我们多，用这种老师对学生、以上对下的口吻来讲话是不合适的。在致欢迎词、讲解概况后，有的考生会说："如果你们有什么地方不清楚的，可以向我提出来。"可以换一种更委婉的说法："我给各位介绍一下"，"如果我有什么讲得不清楚的地方，请各位不吝指教。"意思虽然差不多，但平等、谦虚、责己的态度便凸显出来了。

导游员的责任就是在整个旅游活动中尽心尽力地为客人服务，明白了这一点，就不会在言谈举止中对客人居高临下，在讲解过程中就不会动不动提"你们"，从而平等相待，细心体察，对客人和颜悦色，帮助他们排忧解难。

一些人做了多年的导游，始终就没搞明白，领队、全陪、地陪同客人讲话，口气应不应当有差别，应当有什么差别？领队从组团出发直到散团都和客人在一起，全面代表客人的利益，十分注意维护组团社的信誉和客人的权益，与客人语言相通，感情相通。客人依赖他，信任他，有什么问题愿找领队反映和陈说。全陪从客人一入境就和他们在一起，与客人多日相处，感情亦近。对国内客人来说，全陪和领队的地位相同。因此在客人中的信任度较高，感情较近，讲话就可以亲切一些，随和一些。如果领队、全陪用地陪的口气讲话，就显得生分了。反之，如果地陪用全陪的口气来讲话，就有拉关系之嫌。

因此现场导游考试时一定要把握好我是一名"导游员"这样的一个身份，尽量不用"你们"，尽量多用"咱们"！

（二）数字、事实的准确

现场导游讲解过程中，经常会遇到一些事实、史实、年代和数字，考生一定要用心去记牢，这样讲起来才会左右逢源，不致贻笑大方。

如在讲解小浪底工程时这样讲：

> 小浪底工程建设历时10年，累计填土石11 183万立方米，如果筑一条高一米、宽一米的土石方，可以绕地球赤道2.8圈。在建设和设计中，小浪底工程曾创下了三项世界纪录和五项国内纪录。小浪底水利枢纽工程主要是防洪、防凌、减淤，兼顾灌溉和发电。小浪底的地下发电厂房是由6台30万千瓦混流式发电机组成，总装机容量为180万千瓦，年发电量51亿度，节约了大量的煤炭资源。北部这边的进水塔，由19个进水口组成，分四层排列，与背靠的山体融为一体，其中大小洞室多达110个。像这样，在一个山体存在上下重叠、纵横交错的蜂窝状洞群在世界上都堪称奇迹。建成后的小浪底，最高运行水位275米，总库容126亿

立方米，可控制流域面积69.4万平方公里，占黄河流域总面积的92%以上，控制黄河输沙量的100%，使黄河下流的防洪标准由60年一遇提高到千年一遇。

又如讲到红旗渠时这样讲：

分水苑景区所在地为分水岭，红旗渠总干渠从这里分为三条干渠，横贯林州（原林县）大地。现在我们来到的是红旗渠纪念馆，该馆全面系统地反映了那段难忘岁月的英雄壮举：1960年，林县人民为把漳河水引入林县，10万人苦干10个春秋，削平1 250个山头，架设152个渡槽，凿通211个隧洞，建成总干渠长70.6公里，灌区渠道总长4 013.6公里。可以说红旗渠是一厘米一厘米地向前延伸的。20世纪70年代初，红旗渠工程竣工后，周恩来总理自豪地告诉国际友人："新中国有两大奇迹：一个是南京长江大桥；一个是林县红旗渠。"

数字、史实都是死的，所以一定要注意讲解的数字、史实的准确性。

三、鲜明

讲解时要注意讲解内容的鲜明，就是一点都不含糊。主要体现在我们的态度、立场必须鲜明；对所讲解的内容一定要用鲜明而不含糊的语言表达。

（一）我们的态度、立场必须鲜明

对待国家的方针政策，如对外开放、台湾问题、西藏问题、人权问题等，必须旗帜鲜明地表明我们的态度，不允许含糊其词。这就要求我们每一位考生必须学习、了解我国的大政方针。

态度、立场鲜明还有一层含义就是我们是未来的导游员，是为游客服务的，时时处处事事都必须亲切和蔼、平等待人。任何时候跟客人的关系既不要太近也不要太生疏，要保持适当的距离。

（二）对所讲解的内容一定要用鲜明而不含糊的语言表达

现场导游讲解的过程，不仅是考生的认识过程，而且还是一个情感过程。情感过程包含的是理解。唯有理解，才能相互接近，从中获得美的享受。考生在现场讲解时，不要就事论事，要学会运用想象。有人说："运用想象的观赏才是真正的美的观赏。"一位导游员讲解龙门石窟的卢舍那大佛时有这样一段讲解词：

现实的苦难越多，人们心灵的渴望就越强。因此，在现实生活中得不到的东西，人们就求之于虚幻的世界——佛的王国。我们在云冈石窟看到的是人们顶礼膜拜在高深莫测的佛的脚下。我们在这里看到的却有所不同。请看这一尊卢舍那佛，虽然高达17.14米，但佛的袈裟，那中原式的衣纹畅如流水，真像唐代人说的“曹衣出水，吴带当风”（曹指北齐画家曹不兴，吴指唐代画家吴道子，他们都善画梵像，注重用线条造型，用一种精细绵密、气势圆转的线条，画出飘飘欲举的衣饰，故有此说）。佛的神情，平静虚淡，悠闲辽远，眼角与嘴角微微含笑，传达出一种慈爱、关怀与超然。在这里，我们看到了南方的轻灵洒脱、北方的沉雄凝重、中原的衣冠文明和南朝的名士风流。这是一种东方才有的内向、隽永的含蓄美和深远的境界，一种以形写神、气韵生动的中国审美精神。只有精神的融合才是文化的最终融合。所以李泽厚先生才称她是中国古代雕塑作品中的最高典范……

导游员敏感的审美感觉和高超的表达技巧与客人的心理相融，才能使游客容易接受他所传递的审美信息，从而心灵受到触动。现场导游讲解过程中考生也需要这种审美感觉和表达技巧。

四、生动

现场导游考试中，考生的现场讲解必须语言生动，要用具有活力的语言去打动考官。人们常说“有景不如听景”，讲的就是现场讲解语言的生动性对景点起的画龙点睛的作用，从而使景点、景物在游客心中“活”起来。生动和死板、呆滞是背道而驰的。它遵循的是情感逻辑而不是理性逻辑，它需要讲解者发自内心的情感的迸发。唐代诗人白居易曾说：“古人唱歌兼唱情，今人唱歌惟唱声。”他提倡“声情并茂”。现场导游的讲解负载着意蕴深厚的情感信息。由于情感的驱使，使讲解者自然地按照美的规律去创造语言，创造意境、打动他人。

一位导游员这样讲解长城：

我们中华民族花了一千多年的时间，在祖国960万平方公里的土地上写了一个大字，这个大字就是“人”字。万里长城就是这“人”字的一撇，而千里大运河就是这“人”字的一捺。这是没有进入吉尼斯世界大全的一个大写的“人”，我们每一个炎黄子孙都为此而感到骄傲。同时，长城和大运河的存在又时时提醒我们，不要辜负了这一个“人”！

再比如讲到龙门石窟时，这样讲卢舍那大佛：

我们面前的这尊卢舍那佛通高17.14米，头高4米，耳长1.9米。大家请看，她嘴角微微上翘，目光下垂，略做俯视态。无论您从哪个角度看她，她的目光都会和您有所交流，像智者的询问、长者的关切、母亲的慈爱，这种由天上到人间、由出世到入世、从虚幻到现实的转变不正是中国儒家思想在佛教艺术上的折射吗？这是艺术的觉醒，人性的觉醒。中国佛教艺术经历了漫长的岁月，在唐代终于完成了汉化的过程，因此中国的佛教艺术在洛阳的龙门石窟也达到了一个光辉的顶点。我们再看佛的两侧，阿难文静温顺而又朴实的形象，菩萨端庄华丽而又矜持的表情，天王严肃威武而又壮硕有力的神情，力士坚毅雄强而又暴躁的性格，无一不是形象生动、各具情态，达到了形神兼备的艺术境界。奉先寺这种唐代皇家石窟的恢宏气派，正体现了大唐帝国强大的物质力量和精神力量，显示了唐代雕塑艺术的最高成就，是唐朝这一伟大时代的象征，是东方佛教艺术的典范。

正像荀子在《大略》中说的："言语之美，穆穆皇皇"，这样的语言旨意深远，气魄宏大，动人心弦。

许多考生在自己的讲解过程中，都在自觉不自觉地运用情感这个原则。但我们必须指出，情感在语言的运用中，往往表现出三维性，即情感需要的广度、高度和深度。广度，指情感的覆盖面和作用范围；高度，表现为讲解者个人的情感体验及较高的思想境界；深度，则指情感的丰富文化和思想内涵，表现为讲解者对情感世界最细微、最深刻的洞察。

因此，考生要根据自己的生活和知识的积累，找准景点的切入点。换句话说，要把那些扣人心弦、能打动他人的东西讲出来。要通过自己的讲解，去表达自己的感情美，去创造浓烈的氛围美，去展示景点的人文美和自然美，去抒发自己人生的体验和哲理思考之美。总之一句话，去为他人创造和展示一个美的世界。

第二节　欢迎词、城市概况（含沿途导游讲解）和景点讲解技巧

一、欢迎词的讲解

"欢迎词"是在旅游行程的开始，将第一印象艺术性地表现出来。致好"欢迎词"太重要了，它好比一场戏的"序幕"、一篇乐章的"序曲"、一部作品的"序言"。我们应当努力致好欢迎词。规范化的"欢迎词"应包括五大要素：

①表示欢迎，即代表接待社向客人表达欢迎之意。

②介绍人员，即介绍自己和司机师傅。

③介绍行程，即介绍参观游览的路线和注意事项。

④表示态度，即为大家热情服务、努力工作的意愿。

⑤预祝旅途愉快和表达美好祝愿。

欢迎词切忌死板，切忌沉闷，如能风趣，自然更好。另外，欢迎词要注意汲取一些谚语、名言，充满文采，会收到很好的效果。

（一）现场叙述式的欢迎词开场白

例 1　女士们、先生们：

大家好！欢迎大家光临少林寺。（自我介绍之后）非常高兴能有机会陪同各位一道欣赏领略这“千年古刹”的“禅”“武”文化。让我们在河南共度一段美好的时光。

例 2　女士们、先生们：

大家好！首先，我对各位的到来致以最诚挚的欢迎！各位在来河南旅游之前，想必已经对河南有所了解。河南是中华文明的发源地，历史上先后有 20 多个朝代、200 多个帝王定都或迁都于此，中国的八大古都中河南占了四座。悠久的历史、灿烂的文化给河南留下了众多的名胜古迹，其中，龙门石窟是这众多名胜古迹中最璀璨的一颗。今天就请大家一起随我走进龙门石窟，共同感受佛教石刻艺术的魅力！

（二）抒情式欢迎词的开场白

例 3　亲爱的游客朋友们：

大家好！有一首歌曲您还记得吗？“劈开太行山，漳河穿山来。林县人民多壮志，誓把山河重安排。”

这首激昂雄壮的歌曲，把我们引到那艰苦创业的岁月——20 世纪 60 年代末，林州人民在太行山的悬崖绝壁上开凿了一条“人工天河”——红旗渠。今日，太行山已经没有昔日的开山炮火，但环绕在山腰的红旗渠，仍吸引着来自世界各地的游人。今天，非常荣幸能有这个机会陪同大家一起参观游览红旗渠，我们今天的参观路线是：首先参观红旗渠分水苑，接着参观红旗渠纪念馆，最后游览青年洞。预祝我们愉快地度过这美好的一天！

二、城市概况讲解

现场导游考试中，致完欢迎词后紧接着就是城市概况的讲解。讲解城市概况，纵向要弄清来龙去脉，横向能做相近的、同类的，甚至中外的比较。

应该把城市的主要概况讲清楚，诸如城市的命名由来、面积、人口、主要特点、历史沿革、旅游资源等。我们在介绍洛阳城市概况时可以这样说：

洛阳是中国历史上的九朝古都，有着5 000多年的文明史、4 000年的建城史和880多年的建都史，是国务院公布的中国第一批24个历史文化名城之一。中国历史博物馆著名历史学家、方志学家傅振伦教授指出："我泱泱中华大国的版图中央是在兰州，但华夏文明的起源却在河南中州的洛阳。"（然后可以从河图、洛书、易经、八卦讲起，至佛学、经学、道家，直到园林、龙门、关林、白马寺等。在讲洛阳的城市概况时始终离不开"古都"这个主题。）

总之，城市、地区概况导游讲解是导游员讲解的基本功。概况讲解要注意重点、特点突出，画龙点睛，形成一个整体，让考官明白清楚。

三、不同类型的景区讲解要点

（一）山岳型景区的讲解

河南现场导游考试的14个景区中，有4座景区都是山岳型景区，分别是：焦作云台山风景名胜区、洛阳白云山景区、济源王屋山景区、驻马店嵖岈山景区。

我国的山岳景观很少是纯自然景观的，绝大多数山岳景区拥有悠久的开发历史和文化遗产，因而形成了人工点缀与自然美相结合的景色。导游讲解中要特别注重人文因素的价值和作用。重大历史事件的发生及其影响、重要历史人物的活动与影响、历史文化遗存涉及建筑、名人故里、住宅、诗词歌赋、书法、楹联、碑碣、题刻、典故、传说等，各种形式的文化遗产，分别从不同的角度、以不同的方式记录了我们民族前进的历史足迹。

这些人文因素能够帮助人们加深对自然美的欣赏，丰富自然景物美的意蕴，使人们从单纯的自然风景中体会到一种诗情画意，不但能看到它的外在形象美，还能理解到理性美，看到其中的历史文化美，给人以智慧的启迪。山岳景观的讲解，应当在突出其自然方面内容的同时，着重发掘其历史、艺术和神话传说的内涵，切不能用迷信和庸俗的说教去讲解。

焦作云台山风景名胜区、济源王屋山景区、驻马店嵖岈山景区都属于我国著名的地质名山，尤其是云台山和王屋山先后被评为"世界地质公园"。所以在讲解这三个景区时，尽管其地质地貌和景物特点各不一样，但一定要结合不同景区的地质地貌知识展开讲解。白云山景区是国家森林公园，一山分三河，讲解白云山时可以从白云山丰富的动植物资源、地理位置的优越等方面讲起。

在现场导游考试时，考生在讲解山岳景观时往往喜欢讲一些神话传说故事，要正确而恰当地使用有关的神话传说。一个好的神话传说能够帮助人们加深对自然美的认识，使自然景物因有神话色彩而富有美的魅力，并加深对神秘美的认识和欣赏。但是，在讲解中应注意科学性和自然哲理，最好能讲出“所以然”来。有些神话传说太离奇，甚至很庸俗，缺乏高尚的文化内涵，我们应该有选择地使用。为了加深对风景的欣赏，活跃气氛，引起兴趣，可以适当补充点缀神话传说，但不能喧宾夺主，更不能用封建迷信、鬼神观点等庸俗说教去毒害游客，违背了科学性而陷入“误导”，这是必须十分注意的。

（二）水域性景区的讲解

河南现场导游考试中水域性景区讲解就一座——河南黄河小浪底风景区。水域性景区主要分为海洋景观、江河景观、湖泊景观、泉水景观、瀑布景观等。而河南黄河小浪底风景区属于典型的湖泊景观。湖泊景观绝不仅仅是湖泊水体本身，更重要的是以它为核心的各种自然构景要素和各种人为构景要素（如遗址、建筑、园林等）所组成的各个景点和综合景象。我们讲解湖泊性景观，要联系水与其他自然因素的结合。水与地形的结合是基本的结合，如黄河三峡孤山峡、龙凤峡、八里峡，其河面与两岸的山地、峡谷以及远山的配合，造就了典型的山岳河川峡谷景观，又因这三段峡区具体地理条件上的差异而导致三段峡谷美学特点上的差异。“江作青罗带，山如碧玉簪”，就是由漓江水清与其两岸峰林地貌配合而成的佳景。“四面荷花三面柳，一城山色半城湖”是水与动植物配合而成的名景。水与天气也可结合成景，如“万顷湖平长似镜，四时月好最宜秋”“落霞与孤鹜齐飞，秋水共长天一色”。不但要联系除水以外的其他各种自然造景因素，还应联系现实因素，着重联系新中国成立以来，特别是改革开放以来，我国在开发江河水利、根治江河水害中取得的重大建设成就。它们既是水利工程，又是旅游景观。所以在讲解小浪底风景区时，尽量不要讲传说故事，而要把重点放在小浪底的规模、建设难度和建成后的影响方面。

（三）红色旅游资源景区讲解

现场导游考试河南红色旅游景区主要涉及两座，即安阳红旗渠和开封焦裕禄纪念园。红色旅游肩负着对国民进行爱国主义和革命传统教育的重任，而导游就是红色旅游这所“学校”的教师，是引导人们了解革命历史、增长知识、学习和培育红色精神、传承红色文化的导师。讲解时必须尊重史实，实事求是。有的考生在介绍历史背景和历史事件时，存在说不全、说不准、说不清的问题，不能给游客一个清晰、准确、全面的历史概念，模糊了真实性。针对纪念馆中的导游讲解主要是对实物和图片的讲解，就要求特别注重历史事件的准确性、严肃性与旅游者的接受度。一般纪念馆的解说偏重于理解之上的解说，然而景区景点解说偏重于现场讲解，关键在于情景再现和体验。一般都要经历这样的过程：导游员先体验（原始的历史氛围和革命情感）—旅游者体验—现场讲解，最后通过导游的现场讲解帮助游客有更好的体验、感悟，从而产生情感共鸣。

考生在讲解或回答旅游者的提问时，应注意内容的真实性与科学性，尊重历史、尊重史实、实事求是，不得信口开河，这是关系到个人品德修养的问题。只有全面、准确、客观地展示和宣传革命史实，才能提高红色旅游的权威性、真实性，再现红色记忆，让游客全面了解历史，正确解读历史，并在红色旅游中汲取前进的力量。

比如讲解安阳红旗渠时，一定要交代清楚修渠的背景：红旗渠所在的安阳市林州从1436年到1949年的514年间，曾发生旱灾100多年次，绝收30年次，“人相食”这个惊心动魄的字眼出现了5年次。1942—1943年大旱，饿死1 650人，占总人口的4.3‰。大旱，给人们带来灾难，也给人们带来思索：挖山泉、打水井，地不给水；挖旱池、打旱井，天不给水；修水渠建水库，河不给水。在这种情况下，林县县委书记杨贵作出决定：北水南调——引山西平顺县漳河水入林州！紧接着介绍修渠的艰难经过和最后红旗渠通水后造福林州百姓的影响。最后一定要升华到红旗渠精神对我们学习和工作的影响。

焦裕禄纪念园主要由焦裕禄纪念馆、纪念碑和烈士墓组成。我们讲解重点应该是焦裕禄纪念馆这部分。在焦裕禄纪念馆应重点介绍焦裕禄的生平和兰考当时饱受的“三害”之苦，以及焦裕禄为“查三害”“治三害”所做的一两件突出的事迹。最后列举党和国家历任领导人上任后对焦裕禄纪念园的参观，说明弘扬焦裕禄精神的意义。

（四）宗教旅游资源景区讲解

现场导游考试河南宗教类的景区有两个，即嵩山少林寺景区和洛阳龙门石窟景区。面对巧夺天工的石窟艺术，许多考生往往不知从何下手，讲不出美在哪里，或知其然而不知其所以然。要做好石窟艺术讲解当然首先得要有一点佛学、佛教以及佛教造相的基本知识。讲解时一定要注意点面结合，面要展得开，历史背景和轮廓要勾画清楚、明白；点要讲得深、讲得透，讲出特点，讲出美之所在。考生要花大力气、下大功夫把“点”讲好，讲出特色，这是导游讲解的着力处，就像文眼和诗眼一样。“点”站住了，这个景点就会给人留下深刻印象，如果再能做一点同类或中外的比较，就更好了。

如一位介绍少林寺的导游这样开始他的讲解：国画大师李苦禅先生说，在文化艺术领域里，只画画是小道，因为再高些的是书法，比书法高些的是文学，至此仍非大道。因为再高一层的是哲理性的音乐，更高一层的则是中华的古典哲理：老、庄、禅、易。老、庄同印度佛学融合为中国的禅。今天我们要去参观游览的地方就是中国禅宗的发源地——少林寺。几句话就展开了一个广阔的背景，把客人的心扣住了，这就为以后的讲解留下了广阔的空间。

在讲解龙门石窟的时候，一位导游员花了较多时间来讲解奉先寺的那一组佛像，尤其用精彩的语言讲明了17米高的卢舍那佛为什么是“中国古代雕塑作品中的最高代表”：

一位西方雕塑家说：“康德指出，线的艺术要远高于色彩和块面的艺术。”中国学美术的学生是幸运的。比如，西方美院的学生搞素描，为米洛的阿佛罗狄忒（即“断臂维纳斯”）写生，必须自己先去提炼线条，然后才能描绘出她的姿态。而中国学生则不必，这些诸佛菩萨的线条早经那些无名的大师们十分精粹地提炼出来了。他们只需照样描画，只需准确就可以了，省却了多少摸索和练习！从而留下了更多的时间去潜心思考线条为什么会是那样的走向。比如这尊卢舍那佛，不多的几根线条，就把佛的那种庄严、睿智、亲切、慈祥表达得那么淋漓尽致。中国佛教艺术经历了敦煌、云冈、麦积山，到龙门石窟最终完成了它的外来艺术中国化的进程。像奉先寺的这尊卢舍那佛，已经不再是云冈佛像那样的秀骨清相，而是慈祥和蔼的健康丰满的形象；不再是高不可攀的主宰世界的神灵，而是可以亲近、可以倾诉的救世主。它既不同于高于人间的魏刻，又不同于不离人间的宋雕，而是不离人间又高于人间、高于人间而又接近人间的新的典型。我们在云冈、麦积山感受到的是一种浑厚庄严、宏大深沉的崇高感，佛像让人敬畏和紧张，当然还有崇奉。但在这尊卢舍那佛的跟前，我们感受到的却是亲切、优美、慈祥，产生一种想要亲近的欲望。这种由天上到人间、从出世到入世、从虚空到实在的转变，正是中国儒家思想的曲折反映，这是艺术的觉醒、人性的觉醒。佛的形象还原为人的形象，彼岸世界还原为现实世界，这是佛教艺术在中国发展的必然。印度佛教艺术的风格已经远去了，那些扭腰、送胯、耸臀、胸部高挺等特征都已被弱化。结构、线条、装饰以至眼神、笑容，都彻底地中国化了。中国佛教艺术发展经历了漫长的岁月，即漫长的接纳、改造、融合、消化的过程，到龙门奉先寺的这尊卢舍那佛，终于最后完成了它的中国化进程，中国佛教艺术在这里也达到了一个光辉的顶点。哪怕只是为了亲眼看一看这尊佛，来走一趟也是值得的。

这种用全力把石窟的重点龛窟讲好的做法是讲解石窟艺术景点的关键。我国的石窟（刻）艺术众多，在介绍时不仅要兼顾点面的结合，还要注意共性和个性的结合。没有个性的东西是没有生命力的。虽然导游员不是艺术家，但应当有一定的艺术修养和艺术感觉，要能从这些艺术作品中感觉出美，然后再向客人讲出自己独特的艺术感受，再现或部分再现艺术家们的创作意图。

（五）陵寝建筑讲解

河南现场导游考试陵寝建筑讲解只考试一处，就是永城市芒砀山景区。讲解陵寝建筑时，可以分成三个模块组织语言，即陵寝的主人生平、陵寝选址缘由、陵寝出土文物规模和代表文物。而芒砀山景区讲解的重点应该放在汉梁王陵的墓葬结构特点以及出土的代表文物，如“金缕玉衣”“四神云气图”等文物的讲解。

（六）文化遗址类景区讲解

河南现场导游考试文化遗址类景区主要有两个，即三门峡函谷关和安阳殷墟景区。遗址类景区是指以重要考古遗址及其背景环境为主体，具有科研、教育等功能，在考古遗址保护和展示方面具有示范意义的特定公共空间。文化遗址类景区在讲解时对考生的相关历史背景知识要求比较高。如在讲解三门峡函谷关时，必须要了解函谷关在冷兵器时代险要的地理位置优势和相应的战争文化、军事文化、道家思想以及诸多传说典故。如“玄宗改元”“白马非马”“紫气东来”“鸡鸣狗盗”等传说典故均发生于此，要了解这些典故的来龙去脉。在以往的现场考试中，考生在抽到函谷关时往往喜欢讲大量的传说典故，而忽视了其最重要的战争文化和道家文化的讲解。

在讲安阳殷墟时，我们可以重点讲解甲骨文的发现过程、出土甲骨的规模及发现意义；可以重点讲解妇好墓中出土的文物，尤其是国家宝藏节目中展出的妇好鸮尊；也可以把重点放在以“后母戊大方鼎”为代表的商代青铜器的讲解上。但无论选择哪个点展开讲解，都应严格遵循史实，讲解过程中确保语言的严谨性。

（七）现代主题景区讲解

开封清明上河园，被列入现代主题景区的讲解范畴。主题景区被看作是旅游产品的一种组织方式，是围绕一个或一组特定主题对一系列旅游活动、旅游设施和旅游产品的包装和整合。旅游产品表现形式不仅包括游乐园、主题公园，还包括主题度假区、游憩商业区和历史街区等。而开封清明上河园又不同于普通的现代主题景区，这个景区是建立在相关历史文献记载和历史真实存在的基础上的一个再现景区。所以讲解时更应注重对其背景知识的介绍。在讲到清明上河园景区时，我们可以以虹桥为突破点，重点讲解汴河漕运对当时北宋京师的影响；通过景区内各种民间杂耍活动，讲解北宋突出的市井文化。

四、景点讲解技巧

任何景点都不是单一的，而是多层次的、相互渗透的。比如，中国的山水自然景观就具有相当多的人文因素，或者说有深厚的人文内涵。因此，考生在现场模拟讲解过程中，必须融会贯通，打通了来讲，即运用各方面的知识，去剖析一个景点。自己吃透了，再用生动形象的语言讲出来，就会受到考官的喜欢。这样，考生就不会去单纯地背诵现成的导游词，面对考官讲解时，像挤牙膏一样，一点一点地“挤”出来；而是经过自己的消化以后，像江河流水一样，自然地“流”出来。要讲好一个景区，需要注意以下几方面：

（一）登高望远，追根溯源

所谓“登高望远，追根溯源”指的是考生在讲解景点的时候，不要就事论事，就景点讲景点，而要扩展自己的视野，关注那些全局的、共性的、具有根本性的东西，这样才可以站得高，看得远，剖析得深，把“这一个”景点讲好。达·芬奇曾说：“凡是能够到源头去取泉水的人，绝不喝壶中之水。”讲的就是这个道理。比如，无论是敦煌、云冈、麦积山，还是龙门、大足，都只是中国佛教雕塑艺术的一个局部。佛教艺术是随佛教经丝绸之路传入中国的。如果按照时间顺序把刚才我们提到的这些石刻艺术排列出来，无论是石窟形制、装饰图案、人物形象、衣饰、器物，还是表达的思想感情，都在发生明显的变化，可以看到中华文化如何向外来文化学习，从中汲取营养，创造出自己辉煌灿烂的佛教石窟艺术来。在讲解龙门石窟卢舍那佛大像龛时，我们就能挥洒自如地讲解为什么卢舍那大佛是佛教艺术中国化的一个典范、一个标志。

再比如我们介绍开封概况的时候，很多考生总是满怀深情地讲述南宋孟元老的《东京梦华录》中描写的东京的繁华景象，讲到清明上河园的虹桥时总是会提及汴河漕运的发达，而很少有考生去思考到底是什么造就了东京的繁华，而为何东京繁华梦又很快逝去？我们介绍开封历史沿革，一般又会提到赵匡胤的“杯酒释兵权”，但很多考生不会引用赵匡胤释兵权时讲过的那一段著名的话："释去兵权，出守大藩，择便好田宅市之，为子孙立永远不动之基业，多置歌儿舞女，日夕饮酒相欢，以终天年。"他们不知道赵匡胤吸取了大唐王朝"安史之乱"、藩镇割据导致李唐王朝覆亡的教训，采纳了宰相赵普的建议，把"去其兵权，制其粮谷"并列为大宋王朝的立国之策。在去其兵权后，朝廷连下两道诏书，要求各地把每年税收所得钱币、粮食，除必要开支外，一律装车解送京师，消除了过去"留使""留册"的痼疾。这才有了运河的繁忙，汴河舟楫相接，绵延数十里，从而有了东京的富庶。钱多了，人也多了，才导致了东京城市的迅速扩大，形成了多达150万人口的大城市，也才有了张择端的《清明上河图》描绘的繁荣景象。城市的迅速发展，破除了过去城市建设中的坊市分离，形成了坊市合一的新格局，开创了中国城市建设的新局面。勾栏、瓦舍、小店、正店的相继出现，催发了宋词、平话的成熟，为以后的元曲、元杂剧、明清小说的产生打下了坚实的基础。凡此种种都是一脉相承的。抓住了关键的一点，就可以提纲挈领，让我们考生有了海纳百川、一泻千里的磅礴气势。

不了解佛教发展的脉络和基本教义，就很难讲清楚各地的佛教寺院。不了解佛教发展的各个不同阶段及变迁的原因，就很难去讲好中国式佛教——禅宗的祖庭少林寺。一个连基本的雕塑技法和分类都不了解的人，如何带领游客去欣赏中国古代石窟。

我们在进行现场导游讲解时，绝不可以拘囿于一隅一地，而应该放开眼界，扩展视野，追根溯源，去把握那些全局的、根本的东西。这样才可以使我们的讲解变成有本之木、有源之水，既不显得空疏，又可以引发游客的一些思考。

（二）明确的主题

考生每讲解一个景点或讲一段话时，首先要明白自己表述的主旨，要达到一个什么目的。然后围绕这一主旨、目的去组织材料，使用材料，展开讲解。要用观点去"指挥"材料。

我们在讲解洛阳概况时，往往围绕古城、古都、古文化这条主线这样展开讲解：

洛阳是中国建都最早（夏都斟寻）的城市，也是建都时间最长的城市，长达1 529年。最早讲的河南就是指的以洛阳为中心的这一大片区域，河南郡设在洛阳长达数百年之久就是证明。最早讲的"中国"也是指的是以洛阳为中心的中原地带。1976年，在陕西宝鸡贾村出土了一批周代的青铜器，何尊上的铭文说："惟王初迁，宅于成周（今洛阳）……

余其宅兹中或（国）。”全中国的博物馆的馆藏文物，河南省占到1/8，多达130多万件，而洛阳一地出土的文物就多达40余万件，由此可见洛阳这座城市在中国历史上的地位了。所以，中国历史博物馆著名的历史学家、文博学家、92岁高龄的傅振伦教授说：“我泱泱中华大国的版图中央是在兰州，而华夏文化的起源却在河南中州的洛阳。”

这样，古城、古都、古文化，就是讲解洛阳的主线。抓住了这条主线，就给我们的讲解工作以极大的机动性和灵活性。无论是河图、洛书、易经、八卦、阴阳五行、佛学、经学、理学、道家、释家，还是白马寺、龙门石窟、关林，以及历史文化名人李白、杜甫、白居易、唐玄奘、李贺、司马光、范仲淹等，凡中华文化的方方面面，都和洛阳发生着这样那样的联系，都可作为讲解洛阳时的材料和主线。

必须指出的是，这里提出的抓主题、主旨、主线，目的是方便考生讲解，使考生讲解言之有物，言之有序，有良好的逻辑力量，不至于东一榔头，西一棒子。

（三）相对完整的情节和精彩的细节

考生的讲解一定要以事实作为基础，绝不能胡编乱造，尤其是在讲解一些自然景观时，喜欢讲些连自己都不相信的传说。自然，故事和传说没有一个真实的衡量标准。但那些根植于生活的民间故事和传说，对表现主题有很重要的作用。因此，我们必须慎重取舍，注意格调和品位。另外，在现场考试中有些考生讲得很多，像是要把所有的信息一股脑儿全倒给考官，结果考官云里雾里。所以我们不要企望一次、在一个点，把什么都讲清楚，但我们要求在每一个局部要给考官留下相对完整的印象。

我们讲的“相对完整”，重点是考生要学会选取材料和运用材料，让考官从你的讲解中了解景点的基本脉络，获得一个完整的认识。

（四）艺术想象力和联想能力

人的美感具有两重性：一方面是感性的、直观的；另一方面在感性中又包含了长期的人化了的结果，即人从人类文化的陶冶中获得的审美体验。鉴于此，考生不应该仅仅满足于对景点表层的讲述，而应当揭示其更深层次的文化内涵，才能引人入胜。要做到这一点，就必须具有艺术想象力和联想能力。

对于这种艺术想象力和联想能力，我们把它归纳为“实者虚之，虚者实之；近者远之，远者近之”。就是告诉我们在讲解时，把纵向、横向，时间、空间，古今中外的与景点有关的东西，打通了来讲，使知识、趣味熔于一炉。

所谓“实者虚之”，指的是在讲具体的景点时，要把与之有关的背景、史实、故事、传说、逸闻、趣事等结合进来讲。所谓“虚者实之”，就是要把那些抽象的东西具体化、概括的东西形象化，使游客看得见、感受得到。

所谓“近者远之”，就是要把游客能看见的景点和历史的东西连起来，把中国和外国连起来，把此地和彼地连起来。这“远”包含了时间和空间两个方面。在联系和对比中，进行文化、历史、审美的诸方面的比较，以熟喻生，由此及彼，由表及里，以对景点的文化内涵和风格变迁作更深刻的揭示，让游客从个性中领会到共性。

所谓“远者近之”，就是“化异为同”，拆掉横亘在景点和客人之间那堵无形的墙，让异地的游客对当地的景点和文化有更多的了解和认同，消除陌生感和隔离感，让游客既觉得新鲜，又熟悉。

现场导游考试时，有的考生在私下里讲得很好，但一面对考官，就显得紧张，这中间，很大程度上是心理因素造成的，当然也可能有对景点把握不透的因素。自卑是考生讲解不顺的最大的心理障碍。考生要在实践中锻炼自己，逐渐养成一种良好的心态，最重要的是要以“平常心”来对待自己的现场讲解。既要“目中无人”，又要“目中有人”。所谓“目中无人”是说，当我站在考官面前时，要确信自己就是优秀的，要不受干扰地讲下去。必须相信自己是有能力的，而且要不惜代价把这种能力发挥出来。所谓“目中有人”，就是不要只顾自己讲，要善于察言观色，用自己的眼睛去和考官进行交流。即使中间偶尔有些停顿，也要努力做到失言而不失态，失误而不失格。自然流畅的讲解、舒展洒脱的气质，一定会赢得考官的欣赏。

第三节　体态语的运用技巧

体态语是指口头表达中借助表情、体态动作等手段准确地表情达意的一系列方式，主要有表情语、体式语两类。

一、表情语

表情语主要包括面部表情、目光以及微笑。

（一）面部表情

面部表情是人们内心情感的外部表现，可以表现出极其复杂的思想感情。对考生来说控制自己的面部表情时要注意以下四点：首先是灵敏。考生面部表情的变化要随着讲解内容的需要迅速表现出来。其次是鲜明。表情的鲜明是与敏感联系在一起的，先有了敏感的表情，进一步才是鲜明的表情。讲解的内容是明快的，就真的眉舒目展；是沉重的，就真的严肃凝重；是快乐的，就真的笑逐颜开；是郁闷的，就真的紧锁眉头；是愤怒的，就真的面色铁青……这样的话才能感动和感召考官。再次是真诚。导游讲解时的面部表情要表现出真情实感，任何虚情假意或者故作的姿态都会引起考官的反感。最后是有分寸。考生在讲解过程中的各种表情都要有分寸。导游员的面部表情要自然、合理、和谐，千万不能夸饰。

总之，考生的脸部整体表情在现场讲解中的影响非常大，必须要随着具体讲解内容的需要或随着考官的反应而变化，与表达同步，要有真情实感。比如在讲到：焦裕禄不幸逝世的噩耗，使兰考36万人民沉浸在无限悲痛之中。人们怎能够忘记，在那大雪封门的日子，是他带着党的温暖走进贫农的家门；在那洪水暴发的日子，是他拄着棍子带病察看水情；在那灾荒压头、无路可走的关口，是他送来了党的温暖，带领群众闯出了一条生路……而正当兰考人民最需要他的时候，他却离开了兰考人民。随着这段导游词的讲解，考生的脸上就应该流露出严肃凝重的神色，并且面部的这种表情也应该与讲解内容同步。

（二）目光

目光就是眼神，可以说是讲解中最重要的表情语了。各种各样的表情中最能复杂、微妙、细腻、深邃地表达感情的莫过于各种眼神目光了。现场考试中考生与考官进行目光接触时，对考官或环顾或专注或虚视，要根据讲解的需要而加以灵活掌握。首先要讲究目光的分配，然后还要注意与考官的目光的联结。在分配目光时，要尽可能地统摄到两位考官。目光的移动、收束要以不断地与不同的考官进行目光交流为前提。进行这种目光交流时不要总是盯着某一个考官，要合理地进行目光的分配。在与考官进行目光联结时，要得体适度，时间不宜过长。

（三）微笑

要学会微笑和用眼睛说话，用微笑和眼神与考官沟通。微笑是一种无声语言，它有助于强化有声语言沟通思想的功能，从视觉到听觉，全面传递丰富的情感，从而创造出一种融洽和谐的氛围。真诚的微笑是考生良好素质修养和崇高职业道德的表现，有着丰富而深刻的内涵。

在现场导游考试中，如果能面带微笑地讲解，会收到意想不到的效果。

二、体势语的运用技巧

体势语指由手势、身体各躯干的动作以及各种身姿传达出的信息。

（一）手势

在现场讲解时，考生的恰当得体的手势简直就可以成为讲解的重要组成部分，可以强调并帮助考官捕捉相关信息，可以加深考官对讲解内容的理解。手势语主要是指手的位置和手部的各种动作，它们具有表情达意的作用。手势活动的范围主要有三个区域：一是肩部以上的上区。手势在这一区域内多表示信心、希望、喜悦、祝贺、赞美等内容与情感。二是肩部至腹部的中区。手势在这一区域内多表示叙述、说明等内容以及平和、安定等感情。三是腹部以下的下区。手势在这一区域内多表示憎恨、不悦、蔑视、厌弃等消极内容与感情。导游的讲解手势一般分为三种：情感手势、指示手势和象形手势。情感手势是指导游员表现讲解感情的一系列形象化、具体化的手势；指示手势是用来指示具体对象的手势；象形手势是用来模拟物体形状的手势。另外需要强调的是，在现场导游讲解过程中，各种手势常常有机地融合到一起，综合表现各种复杂的内容与感情。

在现场讲解中，在什么情况下使用什么手势，要由讲解内容来决定。手势语运用的要求是手势要明确、精练、自然、活泼以及个性化。一般情况下要注意五点：一要简洁明了；二要协调合拍；三要富于变化；四要把握分寸；五要避免忌讳。手势的幅度与大小要根据场合的大小与游客的多少来决定，要与伴随的眼神、表情、姿态相互协调，追求和谐的整体效果。

如我们在讲解时经常用到的指示手势的使用：

> 请大家顺着我手指的方向看，我们面前的这座山峰就是云台山的主峰——茱萸峰了。

在现场讲解过程中，这样的指示手势会经常使用。需要注意的是，考生在使用指示手势时，最好是整个手掌平展，手心朝上或朝向侧面伸出去，不要只伸出一根食指。

（二）身体各躯干动作

身体各躯干的动作包括头部、颈部、肩部、胸部、背部、腹部、腰部、下肢等各部位的动作。身体各躯干的动作要讲究端庄潇洒、动静相济、灵活得体。考生在现场讲解时，头部要端正，这样会显得自然亲切、诚恳得体。一般来说头部上扬表示兴奋与自信，头部下垂表示消极、忧郁、苦恼或者精力不济。躯干要挺直，收腹挺胸，双肩持平，这样会显得端庄伟岸、生气勃勃。双脚站稳，多呈“丁”字形，重心在前，这样会显得振奋而稳定、舒适而自然，切忌双脚距离过大或者频繁移动重心或者随意晃动。在进行现场讲解时，要有意识地控制并积极调整自己的躯干动作，做到端庄稳健、舒展自如。

总之，在现场讲解过程中巧妙地调遣体态语，不仅能够使导游讲解更加通俗、直观、传神，而且可以弥补言语表达的不足，增加考生自身的吸引力以及与考官的沟通力度，从而收到不错的讲解效果。

第四节　外语导游讲解技巧

现场导游考试英文类考生考试的其中一项是进行英汉互译，在此简单介绍以下讲解、翻译技巧：

一、不拘原文法

“不拘原文”就是要注意东西方文化的区别，注意习惯和习俗的不同。如对海外的一些礼俗，我们通常很不习惯，在婉拒时往往讲：“这不是我们的习俗”，如果望文生义地译出来，外国游客可能听不懂；如译成“It is not our cup of tea!”，我们中国人听起来可能有些别扭，但英美人一听，就觉得这是句地道的英文，正表达了“这不是我们的习俗”之意。

要想做到地道的翻译，需要平时多阅读英文类的书籍和多看英文类的节目，多积累，在翻译时尽可能按照英语语言国家的一些习惯去翻译。

二、朝代对比法

考生在讲解景点时，尤其是讲到少林寺、龙门石窟等古迹时，会涉及朝代年号问题。翻译朝代和年号时，除译出朝代名称和年号外，还应当说明具体年代，特别是公元哪一年至哪一年，才能使考官理解。更高水平的讲解，还应当将中国的朝代、名人、名事同国外的大事件发生时间作一对比讲解，这样更能让人理解所讲解的内容。如果讲解时对照一些历史上的名人，就更为生动了。如我们讲到商丘芒砀山汉梁王墓出土的文物时，顺便解释一句，这相当于恺撒大帝时期的文物；在讲到裴李岗文化、仰韶文化出土的器物时，补充一句，相当于埃及金字塔兴建时期的文物，更容易让外国游客理解和接受。

三、避免难懂法

在翻译过程中，遇到帝王名称、年号和一些殿堂的名称，用音译或直译这样的译法往往令外国游客感到难懂，因此需要想办法避免。

我们采用“避免难懂法”，可以运用“拿来主义”的办法，借用外语中现成的说法，使我们的翻译不至于别扭。如在翻译我国医疗方针“防重于治”时，有些考生经常直译为：“Prevention is more important than cure”，这个译法不能说错，但很平淡。如果拿来一个英文谚语：“An ounce of prevention is worth a pound of cure（一盎司的预防相当一磅的治疗）”，对英语区的人便会产生一听便懂的效果。再如我们讲“一分为二”“有利有弊”，若能用英谚：“Every coin has two Sides”（钱有两面，事有长短），就生动有力多了。

四、比较文化法

所谓“比较文化法”，就是在导游翻译过程中，要注重东西方文化的差异和思维方式、习俗的不同给翻译工作带来的影响。

比如当导游带团结束，外国游客对导游的讲解和服务表示感谢和赞美，告别时往往说：“非常感谢这些天你精彩的讲解和热情周到的服务，你是一名非常优秀的导游。”如果是按照我们中国人的习惯，我们一般在接受表扬时会谦虚地说：“哪里，哪里，我还有许多地方做得不够好，请多包涵。”但如果这样直译过去，外国人一定感觉很诧异。如果我们译为：“It is a pleasure”，这样翻译却更为适当，也不会使对方产生不必要的误会。

为了更好地译出原意，不至于产生误会和闹笑话，我们外语类的考生应当经常读些国外报刊、书籍，常听广播和外语类的电视节目，学习活生生的语言。

第五章

现场问答技巧和其他注意事项

现场问答环节首先考核考生对导游知识掌握程度，其次考查考生的语言组织能力、应变能力和综合素质。现场考题的答题要点是很明确的，考官大多参考要点进行评分。所以，认真备考还是第一要务。好在现场问题也大多是上机考试的备考内容，掌握了现场考试的问答技巧和其他注意事项，考生可以更加了解现场考试流程，避免不熟悉现场情况而产生的紧张情绪，可以增加考官的好感，获得些“感情分”。

一、现场问答技巧

在现场问答环节，考官将提出 3~4 个问题，内容涉及导游规范、应变能力和综合知识，一般会在导游业务知识、导游基础知识等方面进行提问。

1. 考官提问时要认真倾听，然后思考两秒再作答，不要脱口而出，更不要抢答，这样会让考官觉得你不稳重，缺乏缜密的思考。

2. 如果知道答案，要用专业术语认真回答，保证回答问题的严谨和准确，回答问题后说：“各位老师，我的回答完毕”；如果不知道确切答案也可以临场发挥一下，声明是个人看法，回答完毕后，可以说：“我回去后再查一些资料，确认一下。”切忌沉默不言或拒绝回答。

3. 如果考官提出了比较难的问题，可以边想边说。当断断续续回答完毕后，要进行简要的概括。如果遇到自己确实不会回答的问题，最好坦白承认，切忌不懂装懂。

4. 如果考官纠正你的错误，无论考官所言正确与否或与你的记忆有多大出入，都不要反驳考官，只要保持微笑的表情和虚心的态度就可以了。

二、其他注意事项

1. 认真准备每一个景点，不要有侥幸心理。考试中一般不允许更换讲解景点。

2. 考生提前考察考点的位置和乘车路线，考试当天提前到达，切忌迟到。

3. 尊重考场工作人员，他们有认定考生是否违规的权力，如被认定违规（如在考场范围内喧哗、不按指定时间和指定考场参加考试、言行不当、不按时离开考场等）将取消考试成绩。

4. 规范的应试程序如下：

（1）敲门，被允许后慢步进门；

（2）鞠躬问好："各位老师好"；

（3）双手递上准考证，注意材料正向可读；

（4）退后，与考官保持 2~4 米距离，太近会给人以压迫感；

（5）询问是否可以开始讲解：各位老师好，我讲解的景点是 ×× 和 ××。请问我可以开始了吗？

（6）开始讲解；

（7）讲解完毕，回答问题；

（8）考试结束，考生取回证件，退出考场，礼貌地谢谢老师，道一声老师辛苦了。

5. 在讲解过程中，考生手势不能太僵硬或过于固定，切忌不停地搓手或揪扯衣角；不要一讲错就吐舌头。

6. 在考试过程中，考生不能随身携带书籍和参考资料等，自觉关闭手机。

7. 即使发挥不好，也不要强调客观原因，苦苦哀求或多嘴多舌，反而产生负面影响。

8. 不要询问和观看考官的评分结果。

第六章 河南景点导游辞讲解

第一节 河南嵩山少林寺景区

少林寺景区（沿途讲解）

各位游客，大家好！首先，我代表河南禅文化旅行社对大家的到来表示热烈的欢迎。我是大家本次嵩山之行的导游员，大家可以叫我小王。在我身后的这位是咱们此次旅程的安全大使李师傅。此次的嵩山之行将由我和李师傅竭诚为大家服务，在旅途中，大家有什么意见和要求都可以跟我们交流，我们将尽力满足大家的合理要求。在此，预祝大家旅途愉快！

接下来我把今天的行程向大家简单地介绍一下，上午我们参观河南嵩山少林寺景区，中午在少林大酒店用餐，下午参观嵩阳书院，之后我们将前往洛阳，晚上住在洛阳。

我们的车已经缓缓驶出郑州火车站，走郑少高速，途经新密、登封，大约一个半小时就会到达我们今天的旅游目的地——河南嵩山少林寺景区。我们现在来到的是郑州最繁华的商业地段，透过车窗，我们看到的就是郑州标志性建筑——“二七”纪念塔。它是为了纪念1923年京汉铁路大罢工和“二七”烈士而建造的，建于1971年，钢筋混凝土结构，是独特的仿古联体双塔。塔高63米，共14层。2006年被评为全国重点文物保护单位，成为中国最年轻的全国重点文物保护单位。周围这一带就是郑州著名的商业圈——“二七”广场，早在20世纪90年代，以郑州亚细亚为代表的各路商家在这里逐鹿中原，演绎了一场轰动全国的商战。郑州商业发达，素有“商城”之称。同时它也是一座古城，传承了3 600年的古老文明，2004年被中国古都协会确认为中国第八大古都。

不知不觉中我们的车已经驶入登封，当年武则天为纪念她"登嵩山，封中岳，大功告成"，遂改嵩阳县为登封，沿用至今。透过车窗，我们看到的两边的崇山峻岭就是被武则天御封的中岳嵩山。2010 年 8 月 1 日，登封市"天地之中"历史建筑群通过第 34 届世界遗产大会专家表决，被列入《世界遗产名录》，成为中国第 39 处世界遗产。登封"天地之中"历史建筑群用"宇宙观"作为共同点，以"天地之中"作为主线串联起 11 项历史建筑，包括嵩岳寺塔、中岳庙、嵩阳书院、少林寺建筑群等 8 处 11 项优秀历史建筑。

嵩岳寺塔建于北魏正光年间（公元 520—524 年），作为密檐式塔的鼻祖，在佛塔的类型上有极大的开创性，是中国建筑艺术和西域建筑艺术交流的见证，是中国现存年代最久的佛塔，堪称世界上最早的筒体建筑。

少林寺建筑群包括常住院、塔林和初祖庵。少林寺常住院始建于北魏太和十九年（495），寺内现存明、清建筑 30 余座。少林寺塔林保存了公元 689 年至 1803 年间的古塔 241 座和现代塔 2 座，数量惊人，是综合研究中国建筑发展史、雕刻艺术发展史和宗教发展史的实物资料宝库。少林寺初祖庵为纪念佛教东方禅宗的创始人——高僧达摩而建。它是国内屈指可数的完整的宋代砖木建筑精品之一，更是中国砖木结构建筑宝典——宋代《营造法式》颁布后最初的珍贵实证。

嵩阳书院是北宋四大书院之一，是程朱理学的策源地，对研究我国古代书院建筑、教育制度以及儒家文化具有不可替代的标本意义。

始创于公元前 2 世纪的中岳庙，脱胎于中国皇家规制的规划布局和保存完好的建筑物，见证了印刻"天地之中"信仰的道教文化发展史。

"天地之中"历史建筑群历经汉、魏、唐、宋、元、明、清，构成了一部中原地区 2 000 年直观的建筑史。它是中国最集中、品类最丰富、时代跨度最长的一个古代建筑群，是中国古代建筑史的实物博物馆。

好了，朋友们！我们参观的河南嵩山少林寺景区停车场已经到了，在下车之前再次提醒大家：我们的旅游车车牌号是豫 A678AN，请大家记住我们的停车位置、车牌号和我的手机号。现在请大家带上自己的贵重物品，随我一同下车参观游览。

少林寺景区（景点讲解）

各位游客朋友，我们已经来到了少林寺景区的核心建筑少林寺常住院的山门口，在进寺正式参观之前，我先介绍下少林寺的概况。少林寺始建于北魏太和十九年（495），由孝文帝元宏为安顿印度僧人跋陀而创建，因其坐落于少室山密林之中，故名“少林寺”。北魏孝昌三年（527）释迦牟尼的第二十八代佛徒菩提达摩历时3年到达少林寺，首传禅宗，影响极大。因此，少林寺被世界佛教统称为“禅宗祖庭”，并在此基础上迅速发展，特别是唐初十三棍僧救驾李世民后得到了唐王朝的高度重视，博得了“天下第一名刹”的美誉。现在的少林寺不仅因其古老神秘的佛教文化名扬天下，更因其精湛的少林功夫而驰名中外，“中国功夫冠天下，天下武功出少林”。这里是少林武术的发源地，少林武术也是举世公认的中国武术正宗流派。

少林寺景区包括少林寺常住院、塔林、初祖庵、达摩洞、十方禅院等主要旅游景点。今天我们主要参观的是少林寺常住院和塔林。

少林寺常住院是少林寺景区的核心建筑，是住持和尚和执事僧进行佛事活动的地方，总面积3万多平方米，为七进建筑，包括山门、天王殿、大雄宝殿、藏经阁、方丈室、立雪亭、千佛殿。现在我们首先看到的这座山门就是少林寺的大门，门额上的“少林寺”3字为清代康熙皇帝的御笔，上有“康熙御笔之宝”方印一枚。

大家看，山门殿佛龛中供奉的是大肚弥勒佛。弥勒佛又称迎宾佛，他慈眉善目，笑迎大家的到来。有这样一副对联：大肚能容，容天下难容之事；慈颜常笑，笑世间可笑之人。说的正是此佛。山门殿佛龛后面供奉的是韦驮菩萨，人称护法金刚，他手持金刚宝杵，保护寺院佛、法、僧三宝的安全。

穿过山门，现在我们来到的是少林寺的第二进建筑——天王殿，它与大雄宝殿、藏经阁并称三大殿。天王殿的原建筑毁于1928年，重修于1982年。殿门外的两大金刚，传为“哼”“哈”二将，职责是守护佛法。大殿内侧塑的是四大天王，又称四大金刚，他们的职责是视察众生的善恶行为，扶危济困，降福人间，他们的寓意是风、调、雨、顺。这也是我国农业经济下人们最朴实的愿望。

大家请随我来，现在我们来到的就是少林寺的中心建筑——大雄宝殿。这里是少林寺僧人进行佛事活动的重要场所。殿内供奉有3尊主佛像，正中为娑婆世界的教主释迦牟尼佛，左为东方净琉璃世界的教主药师佛，右为西方极乐世界的教主阿弥陀佛。少林寺大雄宝殿与其他寺院大雄宝殿的不同之处就在于这里的3尊佛左右还有两尊站像，分别是达摩祖师和具有高超武功的少林寺护法神——紧那罗王。另外在该殿中间的两根大柱之下还有麒麟雕像，表明了禅宗是完全汉化的中国式佛教。

参观完大雄宝殿，现在正前方我们看到的这座建筑是少林寺的藏经阁。

藏经阁又名法堂，明代所建，毁于1928年，1994年重建，它是寺僧藏经说法的场所。内供少林寺的一位缅甸国弟子于1996年捐赠的汉白玉卧佛像一尊。在藏经阁月台下有一口大铁锅，是明代万历年间铸造的，据说是当时少林寺和尚用来炒菜用的铁锅，从这口锅可以想象到少林寺当时的昌盛与繁荣。

参观完藏经阁，我们现在来到的是方丈室。这里是少林方丈生活起居的地方。佛教主张万物皆空，和尚常以清贫度日，连最高的执事僧起居的地方也不过一丈见方，所以后人顾名思义，称最高执事僧为方丈。又因“丈”是我国古代最大的长度单位，佛教中沙弥有“寸心”，比丘有“尺心”，而众僧之首的大和尚则要有“丈心”，以博大胸怀，解四方之苦，故“方丈”一词也暗喻大和尚慈悲之大、功德之大。

前行继续参观，现在我们看到的是达摩亭，又称立雪亭，二祖慧可断臂求法的故事即源于此，清朝乾隆皇帝听到这个故事后十分感动，挥笔写下了“雪印心珠”4个大字，就是目前悬挂于殿内的这幅。

好了，朋友们，现在我们已经来到了少林寺常住院的最后一重建筑——千佛殿，又称毗卢阁。殿内供奉的是释迦牟尼的法身毗卢佛。殿内三面墙壁上是明代绘制的《五百罗汉朝毗卢》大型彩画，出自明代无名画家之手。画面以山水云气做底衬，并将五百罗汉区别为上、中、下三层，画中罗汉，有的降龙伏虎，有的持钵显法，有的高谈阔论，有的朝觐上尊，形象生动，姿态各异，栩栩如生。画面精美，设计大胆，具有很高的艺术研究价值，是中国五大寺院壁画之一。我们往地上看，殿内地面凹凸不平，一共有4排48个脚坑，是历代少林武僧练功时留下来的，这些脚坑是僧人们苦练武功的见证，从这些脚坑也可以看出少林功夫非同一般。

好了，各位朋友，参观到此，少林寺常住院中轴线上的建筑讲解就结束了。接下来大家自由参观两侧的配殿建筑，30分钟后我们在大门口集合一起前往塔林参观游览。

第二节　洛阳龙门石窟景区

龙门石窟（沿途讲解）

各位游客大家好！欢迎大家来到古都洛阳观光游览。首先请允许我代表我们洛阳古都旅行社的全体员工对大家的到来表示热烈的欢迎。我是大家此次洛阳之行的导游员，我姓王，大家可以叫我小王。坐在我身后的这位是我们的安全大使李师傅，在接下来的几天旅行中将由我和李师傅为大家服务，大家在旅途中有任何的问题都可以跟我和李师傅交流，我们将竭尽所能去满足大家的合理而可能的愿望。最后衷心地祝愿大家此次的洛阳之行能乘兴而来，满意而归！

现在我们的车已经驶出洛阳火车站，接下来我简单地介绍下今天的行程安排。今天上午我们先参观龙门石窟，中午在洛阳“真不同”品洛阳水席，下午去白马寺参观游览。从洛阳火车站到龙门石窟大约需要一个小时的车程，借此机会我给大家简单介绍一下洛阳。

洛阳古称京洛、河南府，位于河南省西部、黄河中游，因地处洛河之北而得名。境内山川纵横，有“河山拱戴，形胜甲于天下”之说。是国务院首批公布的历史文化名城，也是中部地区重要的工业城市。

洛阳有着 5 000 多年的文明史、4 000 年的建城史和 1 500 多年的建都史，是华夏文明的重要发源地、隋唐大运河的重要枢纽中心。洛阳自古被华夏先民认为是“天下之中”，在民族融合和中外文化交流上谱写出了华美的篇章。

中华民族最早的历史文献“河图洛书”就出自洛阳。被奉为“人文之祖”的伏羲氏，根据河图和洛书画成了八卦和九畴。从此，周公“制礼作乐”，老子著述文章，孔子入周问礼。班固在这里写出了中国第一部断代史《汉书》，著名的“建安七子”“竹林七贤”“金谷二十四友”曾云集此地，谱写华彩篇章，司马光在这里完成了历史巨著《资治通鉴》，程颐、程颢开创宋代理学。左思一篇《三都赋》，曾使“洛阳纸贵”，张衡发明地动仪，蔡伦造纸，马钧发明翻车。道学创始于此，儒学渊源于此，佛学首传于此，理学根植于此。可以说，中华民族的文明在这里发祥，中华民族的精髓在这里传承。以洛阳为中心的河洛文化和河洛文明，是中华民族文化的核心和源头，构成了华夏文明的重要组成部分。

这里不仅有国色天香的牡丹为您盛开，还有庄严睿智的龙门石窟卢舍那大佛向您微笑，更有中国第一古刹白马寺的钟声为您迎来吉祥和安康。

好了，各位朋友，龙门石窟马上就要到了，下面我简要给大家介绍一下龙门石窟。龙门石窟是我国三大佛教石窟艺术宝库之一，位于洛阳市南 13 公里的伊河两岸。这里两山对峙，伊水中流，形若门阙，故称“伊阙”，隋朝始称龙门。龙门石窟自北魏孝文帝迁都洛阳开始营造，历经 400 余年的雕刻，其中大规模、有效率的营建约计 150 年，分别出现在北魏（占 40 余年）和隋唐（约占 110 年）时期。据 1962 年龙门文物保管所统计，两山现存窟龛

2 300多个，大小造像10万余尊，佛塔40余座，造像题记碑文2 870多块。造像以北魏（东魏、北齐）、唐代为主。北魏造像约占龙门石窟总造像的30%，唐代造像约占龙门石窟总造像的60%。因龙门东山的岩层比西山的薄，不便雕凿大型造像，所以龙门石窟群大部分集中在伊水西岸的崖壁上。

龙门石窟造像，既是历代劳动人民和艺术家无穷智慧和血汗的结晶，又是外来文化和我国文化结合而成的一朵奇葩。这些雕刻匠师，承担着为神佛和帝王造像的使命，却又大胆地突破了宗教和礼教的仪轨束缚，在雕刻过程中融进了大量的现实生活，活生生地表现了各种人物造像的动人情景，如喜悦、慈祥、威严、矜持、苦痛，以至作为至高无量主宰的佛之庄严肃穆、胁侍人和供养人的虔诚宁静，无一不是艺术家们对现实的“人”的深刻观察的结果。富有才华的古代工匠和雕刻设计艺术家，面对光秃秃的悬崖峭壁，运用着简单的锤凿，雕出如此巍峨壮观又精工细致的群体佛像，这在当时生产力和生产工具十分落后的条件下，确实令人叹为鬼斧神工。

龙门石窟像一个丰富多彩、包罗万象的大博物馆，为我国的历史、宗教、文化、艺术、医药等研究，提供了极为珍贵的资料。

好了，朋友们！龙门石窟停车场已经到了。在下车之前再次提醒大家：我们的旅游车是黄色的宇通车，车牌号是豫C678AN，请大家记住我们的停车位置。现在请大家带上自己的贵重物品，随我一同下车参观游览。

龙门石窟（景点讲解）

游客朋友们，现在我们已经来到了龙门石窟西山北端第一个洞窟潜溪寺。潜溪寺开凿于唐高宗初年，洞内造像为一佛、二弟子、二菩萨、二天王。主像阿弥陀佛居中而坐，身体各部比例匀称，面容丰满，胸部隆起，表情静穆、慈祥，与两侧的观世音、大势至菩萨合称为“西方三圣”，是佛教净土宗供奉的偶像。此洞无论是从其规模，还是从造像艺术、雕刻技法来看，都颇有皇家风范，是龙门初唐时期雕刻艺术的典型代表，已经揭开了盛唐那种丰腴典雅的造像风格的序幕。

参观完潜溪寺，欣赏过宋代隐士陈抟写的“开张天岸马，奇逸人中龙”草书石匾，现在我们面前这3座并排坐西向东的石窟，就是著名的宾阳三洞了。宾阳三洞以中间的这座宾阳中洞最为豪华。宾阳中洞是北魏宣武帝为其父母孝文帝及文昭皇太后祈福做功德而开凿。洞中三壁造三世像，从南向北依次为过去世佛燃灯佛、现在世佛释迦牟尼和未来世佛弥勒佛。主佛释迦牟尼造像手法已和北魏鲜卑族拓跋部固有的粗犷敦厚之风不同，而是吸收了中原地区汉民族文化的成分和当时南朝所流行的“清瘦俊逸”的风尚，形成了迁都洛阳后佛教造像“秀骨清像”的艺术形式。主佛体态修长，面容清瘦，眉目疏朗，嘴角上翘，表情温和，神采飘逸。服饰已脱去了云冈石窟中双领下垂式袈裟和偏袒右肩式袈裟，改为中原地区褒衣博带的形式，衣裙下部雕作羊肠纹拖在基座前部，一层一层折叠着。这种雕造风格迅速在全国流行开，成为北魏时期佛教艺术中国化、民族化的造像特色。这种造像手法与现实生活中的人物形象接近了许多，正是孝文帝改制在龙门石窟造像上的反映。

离开宾阳三洞拾级而上，即到万佛洞。万佛洞顾名思义，因在洞内窟壁上雕刻有15 000尊4厘米的小佛像而得名。大家抬头请看，顶上雕一莲花藻井，莲花藻井周围刊刻楷书大字：“大唐永隆元年（680）十一月三十日成，大监姚神表，内道场云禅师，一万五千尊佛龛。”洞口过道北侧上有“沙门智运，奉天皇太后太子诸王敬造一万五千尊像龛”的题记。两个题记互为补充，说明发愿造像的原因。

好了，游客朋友们，参观完万佛洞、莲花洞后，拾级而上，我们现在来到了龙门石窟规模最大的洞窟——奉先寺。我们面前的这尊大佛就是卢舍那大佛。卢舍那为梵文音译，意为“光明普照”。按佛教说法，佛有三身：法身是佛的本来之身，报身即佛经过长期修行而获得的“佛果”之身，应身即佛为“超度众生”而显现之身。卢舍那即谓报身佛。我们面前的这尊卢舍那佛通高17.14米，头高4米，耳长1.9米。大家请看，她嘴角微微上翘，目光下垂，略作俯视态。无论您从哪个角度看她，她的目光都会和您有所交流，像智者的询问、长者的关切、母亲的慈爱，这种由天上到人间、由出世到入世、从虚幻到现实的转变不正是中国儒家思想在佛教艺术上的折射吗？这是艺术的觉醒、人性的觉醒。中国佛教艺术经历了漫长的岁月，在唐代终于完成了汉化的过程，因此中国的佛教艺术在洛阳的龙门石窟也达到了一个光辉的顶点，所以著名美学家李泽厚先生才会说：“卢舍那大佛是中国佛教艺术的最高典范。”

我们再看佛的两侧，阿难文静温顺而又朴实的形象、菩萨端庄华丽而又矜持的表情、天王严肃威武而又壮硕有力的神情、力士坚毅雄强而又暴躁的性格，无一不生动感人、各具情态，达到了形神兼备的艺术效果。奉先寺这种唐代皇家石窟的恢宏气派，正体现了大唐帝国强大的物质力量和精神力量，显示了唐代雕塑艺术的最高成就，是唐朝这一伟大时代的象征，是东方佛教艺术的典范。

另外大家请看整个奉先寺的造像布局，卢舍那大佛两侧是其二弟子，左为迦叶，饱经风霜，庄重严谨；右为阿难，聪敏温顺，擅长记忆。弟子两侧站的是菩萨、天王、力士及供养人共 11 尊佛像，俨然一个佛国朝廷。

我们继续向前参观，现在我们来到的是龙门石窟开凿最早的一个洞窟——古阳洞。此洞是北魏皇室贵族发愿造像最集中的一窟，由此也可看出北魏皇室崇佛的气氛。在古阳洞最值得一提的是在金石碑刻艺术中负有盛名的《龙门二十品》，有十九品在古阳洞内。《龙门二十品》代表了魏碑体，字形端正大方，气势刚健有力，结体用笔在隶、楷之间，是隶书向楷书过渡中一种比较成熟的独特字体。

好了，游客朋友们，参观到此，龙门石窟（西山）主要洞窟的讲解就结束了。现在给各位留下 30 分钟的自由参观时间，30 分钟后我们前往东山参观。

第三节　焦作云台山风景名胜区

云台山风景名胜区（沿途讲解）

游客朋友们，大家好！相聚即是缘分！首先我代表 ×× 旅行社对大家的到来表示热烈的欢迎。我是大家此次云台山之旅的导游员小王。坐在我身后的这位是我们的安全大使——李师傅。虽然我很平凡，但我会尽我最大的努力把云台山不平凡的一面展现给各位，让您有个难忘的云台山之旅。在此，预祝大家游得尽兴，玩得开心！

接下来，我把咱们今天的行程向大家简单介绍一下。从郑州出发，走郑云高速，大约一个小时二十分钟就会到达我们的目的地云台山风景区。上午我们参观红石峡、子房湖，中午在云台山庄用午餐，下午参观潭瀑峡、泉瀑峡，之后结束愉快的游程返回郑州。

我们的车现在正行驶在郑州市区，借此机会我们一起先来认识下郑州。郑州古属豫州，公元前 1027 年，周武王灭殷后封此地为管国，东汉时此地称为管城，现在还有管城区的称号，直到隋文帝开皇三年（583），才有郑州的名称，并沿用至今。1923 年，京汉铁路大罢工后，郑州成为“二七名城”。1948 年郑州解放后，设置郑州市，1954 年河南省省会由开封迁往郑州，郑州成为省会城市。郑州素有“商城”之称，“商城”一词既说明郑州是现代化的商贸城市，还向人们表明着 3 300 多年前，这里是商代早期的都城所在地。全市辖区 6 区、5 市、1 县，总面积 7 446.2 平方公里，总人口约 580 万，其中市区面积 130 平方公里，市区人口约 190 万。

郑州今日的发展成就得益于四通八达的交通。京广高铁、徐兰高铁交会于郑州，郑万、郑合、郑济、郑太高铁相继在建设中，未来的郑州将处于“米”字形高铁的中心位置，从郑州出发前往周边主要的省会城市力争实现 2~3 个小时的交通圈。由此可见郑州在中国未来高铁建设中的地位。在公路建设方面，107、310 国道，连霍、京港澳高速公路在此交会，全省高速公路已基本形成了以郑州为中心的一个半小时中原城市群经济圈，3 小时内可达任何 1 个省辖市，6 小时内可达周边 6 省任一个省会城市。

说话间，我们已经进入焦作境内。焦作是一个旅游资源非常丰富的城市。2003 年，焦作山水品牌开始在全国叫响，河南省 13 个 5A 景区中，焦作就有 3 个，分别是青天河、神农山、云台山。云台山景区在近几年的黄金周占据河南省景区游客人数、门票收入双第一的龙头地位。

我们的车现在已经驶入了修武县。修武县名称的由来据说与武王伐纣有关。殷商时这里叫作宁邑，武王伐纣时，途中遇雨，就在此地临时驻扎，休兵练武，修武这个名字就由此而来。我们今天所游览的云台山位于焦作市修武县以北 12 公里处，景区面积 190 平方公里，包含泉瀑峡、潭瀑峡、红石峡、子房湖、万善寺、百家岩、茱萸峰、叠彩洞、猕猴谷等 11 大景点。

云台山不仅自然风光优美，历史文化积淀更为深厚。作为儒、释、道景观并存的宗教名山，有汉献帝避暑台和陵墓，也有中国山水园林文化鼻祖“竹林七贤”的隐居地，至今还有刘伶醒酒台、嵇康淬剑石、孙登啸台等遗迹，有唐代药王孙思邈采药炼丹的洞府，还有唐代大诗人王维吟诵“独在异乡为异客，每逢佳节倍思亲”的佳话……可谓名副其实的“避暑有楼，醒酒有台，载文咏诗有碑碣”。

好了，朋友们，云台山景区停车场已经到了，下车之前再次提醒大家：第一，这里的山路台阶较多，请大家一定要小心脚下，注意安全；第二，我们一起维护景区的环境卫生和游览秩序，请把垃圾放进垃圾箱；第三，注意护林防火，请吸烟的朋友到专门的吸烟亭内吸烟。请大家多多配合，谢谢！我们的车牌号是豫 A356KX。现在就请您带上随身物品，随我一同去感受“太行云台山”的灵山秀水吧！

云台山风景名胜区（景点讲解）

游客朋友们，我们现在来到了红石峡景区。红石峡又名温盘峪，长约

2 000 米，深 68 米，最宽处 30 多米，最窄处仅有几米。由于峡谷幽深并且狭窄，所以形成了一种冬暖夏凉的小气候，人称“长春谷”。大自然的沧海桑田，十多亿年的地质变迁，伴随着无数次的造山运动，将这些含有石英砂的岩石抬升出地面，逐渐形成了今天的崖壁。由于岩石中铁质矿物的氧化，经年累月，崖壁被染成了红色，于是形成了丹崖碧水的奇妙景色。

顺着崖廊缓缓前行，峰回路转，步移景换，雄奇伟岸之处又不乏曲折迂回、飞瀑流泉的清幽境界，生活中的烦恼和杂乱无章的事顿时都会被抛到九霄云外。红石峡是单行线游览的景区，全程需要一个半小时左右的时间。出口乘车点为子房湖大坝乘车点。

云台山作为首批世界地质公园，境内丰富多彩的地质遗迹，以大量的信息和实证，准确地记录了云台山地区地壳的形成及演变历程。在这里，您不仅能欣赏到山水的表面，还能通过“崖墙地貌”了解到云台山景观横空出世的内在因素，从而使一次只知风景优美，而不知为何优美的自然风光旅游，上升到更高层次的增长知识的科普旅游。

我们现在所看到的这块碑就是红石峡的主题碑，是一块非常典型的地质遗迹，它的正面是红石峡的简介，侧面色泽鲜明且规则，主要是因为铁质矿物分布不均匀，加之当时气候条件的变化，便形成了深浅不一的红色。最神奇的要数背面了，是波痕石，它反映了当时的沉积环境。在 4 亿到 10 亿年前，云台山乃至整个华北地区都是远古的浅海，海水里大量纯净的石英砂慢慢沉淀形成了大量的堆积物，海水波浪侵蚀软层，形成波痕，而这些波痕随着地壳变迁保存下来，这就是我们现在看到的波痕石。地质专家根据波痕的一些数据，可以判断当时水流的方向和速度。

好，我们继续向前参观。大家现在所看到的这一挂瀑布叫“白龙瀑”。瀑布分 3 叠，垂直落差 60 余米，上两段短而隐，下一段长而露，状若飞雪玉龙，银光闪闪。因它毗邻云台山西南大门，故又称“迎宾第一瀑”。

俗话说：“有瀑必有潭。”白龙瀑下便有泉水积聚而成的白龙潭。它们一瀑一潭，一动一静，一上一下，相映成趣。您若仔细一看，会发现一个很奇怪的事。这白龙瀑日夜奔流不息地流入白龙潭，可是这潭水却既不增长，也不外流，那么水究竟到哪里去了呢？原来白龙潭下有一巨大的暗河，大量的水潜流而去，奔流至修武县五里源乡的海蟾宫。据郦道元《水经注》记载：“潜流三十里复出”，因此，海蟾宫水质极好，富含多种对人体有益的微量元素。这里生产的松花蛋也是品质优良，口味醇正，古时候曾是贡品。下到谷底或者站在入口的桥上可以看到二者的全貌，在峡谷间只能看到瀑布的一部分。

游客朋友们，我们现在走到首龙瀑脚下，也就到了红石峡的尽头，沿山路往上走我们就到了子房湖大坝上。下面我们一起乘车前往潭瀑峡景区。

潭瀑峡又名小寨沟。这里三步一泉、五步一瀑、十步一潭，呈现出千变万化的飞瀑、流泉、彩潭、奇石等景观，风光怡人，宛若秀丽江南，所以，人们还给它起了一个雅号：潭瀑川。潭瀑峡全长 2 000 米，游览时间为一个半小时左右。

参观了潭瀑峡景区的情人瀑、丫字瀑、龙凤壁等景观后，现在我们来到的是泉瀑峡景区。泉瀑峡又名老潭沟，全长 3 000 多米，是一处以“华夏第一高瀑”为标志、以深潭幽涧为特色的深谷。在泉瀑峡的尽头，我们看到的是一处三面环壁、一面开放的围谷，断崖高达 300~360 米，崖墙陡峭，别具特色，断崖造就了 314 米的“云台天瀑”。它上吻蓝天，下踏石坪，犹如擎天玉柱，凌空飘落。站在它的近旁，相信您也会充分领略到“飞流直下三千尺，疑是银河落九天”的恢宏气势，让人久久不愿离去。

好了，朋友们，由于时间关系，云台山的讲解就先到这里了。接下来大家有 1 个小时的自由参观时间，1 个小时后我将在停车场恭候大家，谢谢各位的支持！

第四节　开封清明上河园

清明上河园（沿途讲解）

游客朋友们，大家好！一路辛苦了！首先我代表我们古都旅行社的全体员工对大家的到来表示热烈的欢迎。我是大家这次河南之行的导游员，大家可以叫我小王。坐在我身后的这位就是我们的安全大使刘师傅，这次的河南之行将由我和刘师傅竭诚为大家服务，在旅游过程中有什么意见或要求，您尽管提出，我们一定会尽力解决。最后，衷心地祝愿大家旅途愉快！

接下来我简单介绍下我们今天的行程安排。今天上午我们将游览清明上河园景区，中午在“开封第一楼”用餐，下午参观龙亭公园，之后回到河南的省会郑州。

我们现在所处的位置是开封北站，开封北站位于河南省开封市开封新区，西距郑州东站 45 千米，为郑徐高铁的一座高铁客运一等站。大家请看，开封北站站房的外观，重点突出了北宋时期的建筑风格，整体为线侧下式站房，站房主体总长 150 米，总宽 42 米，建筑高度达 29.54 米，站房建筑面积为 11 992 平方米。凭借这样的“身材”，开封北站在客流高峰时每小时可运送出行旅客 2 030 人次。2016 年 9 月 10 日，随着郑徐高铁全线正式开通运营，开封北站正式投入使用。现已成为开封市的标志性建筑，是郑徐高铁上一道亮丽的风景线。

好了，朋友们！我们的旅游车已经驶出开封北站，正行驶在开封市区，接下来我给大家简单介绍下开封。

开封位于黄河中下游，北依黄河，西接郑州。辖五县五区，总面积 6 444 平方公里，人口 460 万，市区人口 78 万。开封古称汴梁、汴京、东京，因汴河流经此处，开封又简称“汴”。开封这个名字源于春秋时期，当时，郑国的国君郑庄公选择这里修筑储粮仓城，便取“启拓封疆”之意，定名“启封”。到了汉景帝的时候，为了避汉景帝刘启的名讳，就把启封改名为开封，这就是开封名字的由来。

开封至今已有 2 700 多年的建城史，是世界上唯一一座城市中轴线从未变动的都城。自公元前 364 年至公元 1234 年，先后有战国时期的魏，五代时期的后梁、后晋、后汉、后周，北宋和金定都于此，所以开封素有“七朝都会”之称。特别是 1 000 多年前的北宋时期，开封（东京）为宋朝都城长达 168 年，历经九代帝王，是当时全国政治、经济、文化的中心，也是世界上最繁华的大都会。当时，东京城周阔 30 公里，由外城、内城、皇城 3 座城池组成，人口达到 150 余万，是一座气势雄伟、规模宏大、富丽辉煌的都城。古人曾用“汴京富丽天下无”的诗句来描述当年宋都的辉煌。北宋画家张择端绘制的巨幅画卷《清明上河图》，更是生动形象地描绘了东京开封城的繁华景象。

北宋时期，科技发达，经济繁荣，人文荟萃，创造了对后世影响深远的宋文化。包拯、杨家将、王安石、岳飞等历史名人都曾在这里留下足迹，他们的丰功伟绩和政事传说作为民族文化，至今仍在海内外广为传颂。

开封旅游最突出宋代特色，宋都御街、清明上河园、铁塔、繁（音 pó）塔、大相国寺、包公祠等景点古朴典雅，与碧波荡漾的包公湖、龙亭湖、铁塔湖和雄伟的城门楼、古城墙交相辉映，形成了以独特的宋代建筑风格和浓郁的宋文化氛围为主、具有“北方水城”美誉的大宋都旅游景区。

游客朋友们，说话间我们已进入开封市内，位于我们大巴车前方的就是著名的宋都御街，临街有大小店铺 53 家，总建筑面积 15 696 平方米，全长 400 米，街宽 30 米。请大家往窗外看，众多仿宋建筑一字排开，中间是高大的牌楼，牌楼前后都有“宋都御街”的匾额。御街，是皇帝祭祖、举行南郊大礼和出宫游幸而往返经过的主要道路，故称其为“御街”。

说着说着，清明上河园就要到了。我给大家简单介绍一下它的情况。熟悉中国历史和艺术的朋友可能都知道，《清明上河图》是我国宋代著名画家张择端的传世名作，它生动、形象地描绘了东京开封城的繁华景象。开封清明上河园以《清明上河图》为蓝本，按照图中的布局，采用宋代营造法式，结合现在建筑方式，集中再现了原图的风物景观和民俗风情。清明上河园占地面积 600 亩，其中水上面积 170 亩。整个园区大体分为南苑和北苑两大景区，南苑重在表现市井生活、民俗风情，北苑重在表现皇家园林、宫廷娱乐。

好了，朋友们，不知不觉中清明上河园景区停车场到了，下车之前再次提醒大家，我们的停车位置是 A 区 36 号，我们的大巴车是黄色的宇通客车，车牌号是豫 A12345，我的手机号是 12345654321。请大家关好车窗，携带好自己的随身物品做好下车准备，让我们一起走进清明上河园，去领略古代东京的繁华。

清明上河园（景点讲解）

游客朋友们，大家好！现在我们所处的位置就是开封大型民俗主题公园——清明上河园的大门口。清明上河园是仿照北宋著名画家张择端的《清明上河图》按 1:1 的比例原样建造而成的，完美再现出宋代开封繁华如梦的盛景，使您一朝步入画卷，一日梦回千年！

来得早不如来得巧，我们正赶上隆重且具有浓厚宋代色彩的开园仪式。首先出场的是马队。骑手们个个身着宋式短装，手擎彩旗，在一片冲天锣鼓声中呼啸而来，分列场地两旁。紧接着奔腾而出的是欢迎盘鼓，盘鼓手也是宋装打扮，大鼓悬在腰间，动作整齐划一，鼓声震天，欢快豪放。最后在张龙、赵虎、王朝、马汉的簇拥下，一代名相包青天出场了，只见他铁面黝黑，双目有神，大步向我们走来。至此，马队手手中旌旗挥舞，盘鼓手手中大鼓齐震，让我们在“包大人”的带领下，共同走进清明上河园吧。

现在我们走进的是迎宾门，您看到的这座大型人物雕像，就是《清明上河图》的作者张择端。张择端，字正道，号文友，山东诸城人，宋代著名的宫廷画家。年轻时游学于京师，擅长画舟、车马、集市、桥梁等景物，风格自成一家。他创作的《清明上河图》是以北宋东京开封为背景的长卷风俗画。整个雕像高 6 米，重达 30 吨。您看，这位艺术大师手捧画卷，凝视远方，炯炯的目光仿佛看透了 800 年来的风云变幻、世事沧桑，又像是在祝福咱们古老开封的再次辉煌。

游客朋友们，我们现在所在的位置是东京码头。在《清明上河图》中，这里是一片舟船云集、水运繁忙的景象。码头下面就是被人们称为东京“生命之河”的古汴河。汴河是我国最早开发的古运河之一，它的历史一直可以追溯到春秋战国时期。公元前 360 年，“战国七雄”之一的魏国魏惠王为了称霸中原，在这里开挖了鸿沟，从现在的河南荥阳引入黄河水，向东经过开封，再到淮阳进入颍水，中原地区从此形成了以鸿沟为主体的水上交通网络，运输状况大大改善。秦朝末年，楚汉相争，西楚霸王项羽和汉高祖刘邦就曾划鸿沟为界。到了现在，中国象棋里的分界线用的也是这条鸿沟。隋朝时，隋炀帝开通大运河，重新疏通了鸿沟，改名为通济渠。通济渠上起黄河洛阳、下至淮河泗水，直通长江，成为南北交通和文化交流的大动脉。当时名叫汴州的开封因为位于运河的中心而逐渐兴盛起来，唐代改称汴河，“安史之乱”以后，长安、洛阳遭到严重破坏，开封的地位更加突出。可以说，正是靠着这种有利的地势，开封才取代长安和洛阳，成为闻名于世的七朝古都。

您眼前这座横跨于汴河之上、形似彩虹的桥就是被称为“中国十大古桥”之一的虹桥，也就是《清明上河图》中的主体画面。虹桥采用叠梁木拱无柱结构，这种样式最早出现在山东青州，当时是木质结构，现在我们用钢筋混凝土加以重建。它横跨 25 米，高 5 米，宽 9.8 米。由于没有桥墩，更加便于行船，所以北宋时东京仅汴河上就有 3 座这种样式的桥梁，极大地方便了京城的交通。您看，桥的两端各有两根 9 米高的柱子，每根顶端部有一个能自由转动的圆盘，盘里站着一只远望的白鹤。白鹤的羽毛有 5 两重和 8 两重之分，只要风一吹就能随着圆盘转动，人们可以根据柱子上的十字形交仪木来辨别方向。这就是古代的“风向标”。

当您站在虹桥上，3 800 米汴河的风光尽收眼底。北宋时汴河横穿整个城市，给开封带来了空前繁荣，被称为“大宋建国之本”。因为水上运输的方便快捷，商人多在河边买卖交易，尤其桥的两端更是商铺林立，当时的人称之为“河市”，人们到河边进行贸易也称为“上河”。

请大家随我向前走。“迎秋亭处登高门，四周秀景无处隐。心旷神怡随心欲，算是白丁也能吟。”这首诗便是赞美这座巍峨壮观的城门的。城楼正脊高 21.6 米，门洞高 8 米，总建筑面积 1 553 平方米，名曰“上善门”。在《清明上河图》中描绘的这座城门，恰好把城内繁华区和城外沿河闹市一分为二。所以，过了这座城门，我们才算进城。城内有许多店铺，您可以选购自己喜爱的工艺美术品，也可以欣赏王员外招婿、杨志卖刀、梁山好汉劫囚车、杂耍艺人表演等节目，还可以在食街品尝各类民间小吃。

曾经沧海难为水，除却梁园总是村。北宋历史、文化和民俗的盖世繁华还需大家进城进一步了解。潺潺汴河水，悠悠满园情。游客朋友们，清明上河园的讲解到此就结束了。接下来请大家自由参观，中午 12 点请准时在大门口集合，谢谢！

第五节　洛阳白云山景区

白云山景区（沿途讲解）

游客朋友们，大家好！欢迎参加我们的白云山一日游活动。首先请允许我代表我们河南大自然旅行社的全体员工对大家的到来表示热烈的欢迎。我是大家此次白云山之行的导游员小王，很高兴能够陪同大家一起游览白云山。坐在我身后的这位是我们的安全大使刘师傅，这次的白云山之旅将由我和刘师傅竭诚为大家提供服务。在旅游过程中，您对我们的服务有什么意见或要求请尽管提出来，我们都会尽心尽力去解决。在此，预祝大家游得尽兴，玩得开心。

我们的旅游车已经缓缓驶出洛阳火车站，大约经过两个小时的车程将会到达我们今天的旅游目的地——白云山。我们的行程是这样为大家安排的：上午参观九龙瀑布观光区，中午在白云山庄用餐，下午参观玉皇顶。大约在下午 6 点结束我们的行程回到洛阳市区。

好了，各位朋友，现在我们的旅游车已经行驶到了洛阳市的洛南新区。洛阳位于河南省的西部，因地处洛水之阳而得名，是河南省第二大城市。我们经常说黄河是中华民族的摇篮，而洛阳则是这个摇篮的中心。历年的考古发掘和大量翔实的历史文献证明，先后有夏、商、西周、东周、东汉、曹魏、西晋、北魏、隋、唐、后梁、后唐、后晋 13 个朝代在此建都，时间长达 1 500 多年，是八大古都中建都年代最早、建都朝代最多、建都时间最长的古都。难怪司马光在洛阳完成他的鸿篇巨制——《资治通鉴》后发出这样的感慨：“欲问古今兴废事，请君只看洛阳城。”

悠久的历史、灿烂的文化不仅赋予了洛阳诸如龙门石窟、白马寺、关林等一大批声名显赫的人文旅游资源，得天独厚的自然环境也赋予了洛阳优美迷人的自然风光，形成了如白云山、老君山、龙峪湾、重渡沟、鸡冠洞等一大批自然旅游资源，这些自然旅游资源成为了炎炎夏日人们消夏避暑的好去处。

各位朋友，现在我们已经进入了嵩县境内。嵩县位于洛阳市西南部，是河南省第四大县。嵩县古称为伊国，中国第一宰相伊尹，宋代著名的理学家程颢、程颐都曾在此居住和学习过。

来到嵩县，如果您问一个当地人，嵩县哪里最美？他（她）一定会毫不犹豫地告诉您：白云山。有人说，到了嵩县，而不到白云山，就像到了北京而不去爬长城，到了上海不去逛外滩，根本就谈不上来过。

“跨三域之水于一峰，集三河之灵于一山”，白云山堪称中原山水大观之绝品。2005 年 9 月，人文地理杂志《中国国家地理》联合全国 34 家主流媒体举办“中国最美的地方”大型评选活动，这次评选历时半年，吸纳了 2 000 多万人的意见，影响力遍及全国及海外。白云山力压群芳，从全国数千家老牌、大牌景区中脱颖而出，荣膺“媒体大众组”与“网络手机人气组”双重冠军。《中国国家地理》在《中原名山——白云山》一文里这样描述：“河南白云山，没有占据三山五岳中的一席之地，只在中原腹地、古国之都的一侧默默地注视着炎黄子孙在这块大地上生息繁衍。”古都没落了，牡丹还盛开着，白云山的云又让整个“选美中国”沸腾起来。白云山被著名书法家启功先生誉为“人间仙境”。

洛阳白云山景区有四大鲜明特色：

第一，地跨三域。白云山地处我国南北地理气候分界线，发源于白云山的伊河、汝河、白河分别注入黄河、淮河、长江，中国独有，世界罕见。

第二，山水大观。白云山受燕山运动影响，景区内层峦叠嶂，险峰林立，海拔在 1 500 米以上的山峰就有 37 座。由于白云山地跨三大流域，汇集三河之源，加之雨量充沛，森林茂密，沟谷山涧常年溪水不断，在千米落差的白河大峡谷，形成了众多的飞瀑潭池景观。

第三，原始林海。白云山属亚热带向暖温带气候过渡区，动植物资源丰富，森林覆盖率高达 98.5%，植物种类达 1 991 余种，动物 204 种。原始森林、高山杜鹃林、唐代银杏林为中原独有，北国罕见。

第四，避暑胜地。白云山海拔高，气温低，植被茂密，夏季平均气温不超过 18℃，最高气温不超过 26℃。盛夏在白云山您会看到“早上如春穿夹袄，夜如初冬盖棉被”的景象。白云山现已开发九龙瀑布、玉皇顶、小黄山、原始森林、白云峰五大观光区和高山森林氧吧、高山牡丹园、留侯祠、白云湖、芦花谷五大休闲区，游完全程需 3~5 天时间。

说话间我们的旅游车已经进入了白云山停车场，在下车之前再次提醒大家，我们的旅游车是黄色的宇通车，车牌号是豫 C678AN，我们的停车位置是白云山停车场 A 区 36 号，请大家记住我们的停车位置、车牌号和我的手机号。好了，朋友们，现在就请您关好车窗，带上您的随身物品随我下车一同去参观这“中国最美的地方”吧！

白云山景区（景点讲解）

各位朋友，白云山可谓“无处不秀，无景不美”。我们首先选择游览的地方是水域风光——九龙瀑布区。九龙瀑布观光区是白云山水域风光最精彩的部分，旅游行程全长 5 公里。九龙瀑布是白河的发源地，更是整个白云山景区的精华所在。

现在我们看到的这个潭叫珍珠潭，那自上而下的涓涓细流，看起来温柔得若丝绸一般，但它却有一种不可抗拒的神奇之功，天长日久，锲而不舍，终将这坚硬的花岗岩巨石雕琢成九曲六珠。由于珠潭相连，仿佛一串硕大的珍珠，所以人们把它取名叫珍珠潭。真是巧夺天工，世间罕见！

大家再看我们左手边这个悬崖，这个悬崖峭壁叫千尺崖，也叫白龙撞。在千尺崖上，由人工开凿出一条长 500 米的洞中栈道，游客过栈道，进岩洞，曲曲折折，扑朔迷离。在千尺崖左侧高险处一条瀑布凌空飞下，名叫白龙瀑布，瀑布落差 80 多米，那气势如霹雳闪电，雷霆万钧。民谣唱道“白龙撞，天下绝，鹞鹰飞不过，神仙上不来”，可见其高险。

大家请这边走，现在展现在我们面前的就是“九龙瀑布”！大家请看，它上与蓝天白云相接，下与碧潭深渊相连，那奔腾的气势，仿佛银河倒泻！也许现在我们才真正体会到李白笔下“飞流直下三千尺，疑是银河落九天”的意境。因为在九龙瀑布陡峭的岩壁上天然镶嵌着九条明显的岩纹，状如九龙嬉瀑，故名九龙瀑布。更为奇特的是，瀑布在阳光的照射下，水雾由于光的折射，呈现出道道彩虹，彩虹缠身，人挪虹移，奇妙无比。有人称这彩虹是佛光，有缘的人才能看到，希望这“佛光”能给您带来吉祥，增添福气。1992 年 12 月 25 日，《人民日报》海外版第五版报道的“当今世界自然风光中罕见的绝妙景观”“九龙瀑布嬉彩虹”曾轰动中外，使世人惊叹。

游览完了九龙瀑布景区，现在我们就要游览玉皇顶景区了。现在在大家眼前的层层石阶就是通往玉皇顶的天梯，这层层石阶从下往上共有 198 级，过了天梯就到了玉皇门。只有通过玉皇门，才能最终登上玉皇顶观日出、看云海、赏美景。日出，也许大家都不陌生，但在玉皇顶看日出有其独特魅力。当朝阳从远山之巅蹦出来的那一刻，天地为之震撼，万物为之动容。满天的彩霞、殷红的朝阳、绚丽的群峰、金色的万木，构成了一幅极为壮丽的画卷，令人叹为观止！另外，在白云山玉皇顶观看云海也蔚为壮观！诗人陶弘景的“山中何所有？岭上多白云”，用来形容白云山再贴切不过了。白云山一年之中有一半时间被云海覆盖。轻云薄雾像缕缕炊烟从壑底飘起，一会儿铺卷开来，眼前汪洋一片，如海天相接，露出海面的山峰恰似汪洋中的孤岛。

登山难，登山累，但朋友们可曾想到当年修路的艰难。这沿途 2 985 个青石台阶及护栏，天梯以下是靠 60 匹骡子组织的骡子队一块一块拖上来，天梯以上是当地老百姓用肩膀一块一块背上来、抬上来的。“无限风光在险峰”，让我们继续向上攀登！

游客朋友们，我们此刻站立的地方就是号称伏牛山“中原高峰”的玉皇顶，海拔 2 212 米，为白云山最高峰。因主峰直插天宫、顶如皇冠而得名，是中原地区观赏云海、日出的最佳之地。来到这里，大家才可以真正体会“一山有四季，十里不同天”。玉皇顶植物的带状分布就是很好的说明，随着地势的增高，气温逐渐降低，山上的植物也因而垂直分布。

这边就是著名的玉皇顶高山杜鹃林，有 1 000 多亩。“人间四月芳菲尽，山寺桃花始盛开”，而玉皇顶的杜鹃花却在 5—6 月份开放，可见这里气候的高寒了。大家再看这棵杜鹃树，它是千亩杜鹃林中最大的一棵，号称“杜鹃王”。树围 3.2 米，覆盖面积 60 平方米，为中原所罕见。

玉皇顶观光区还有众多的自然景观等待我们去观赏，如鸡角尖、通天窟、石船、金牛石等。

好了，朋友们，关于白云山的讲解到此结束，接下来的时间，大家自由活动，半小时后我们开始下山返程，谢谢大家。

第六节　永城市芒砀山景区

芒砀山景区（沿途讲解）

亲爱的游客朋友们，大家好！远道而来，大家辛苦了！首先我代表商丘古城旅行社的全体员工欢迎大家的到来。我是大家本次商丘之旅的导游小王，坐在我身后的这位是我们的安全大使李师傅，大家此次的商丘之旅将由我和李师傅竭诚为大家服务，在旅游过程中您有什么意见和要求请尽管提出，我和李师傅将尽量满足您合理而可能的要求，最后预祝各位旅途愉快！

我们现在的位置是商丘火车站，今天的行程是这样为大家安排的：上午将赴永城参观芒砀山景区，中午在芒砀山大酒店用餐，下午参观夫子山，之后返回商丘市区。从商丘火车站出发到永城芒砀山 93 公里，行车约 1 个小时 20 分钟，借此机会我先给大家简单介绍下商丘。

商丘市位于河南省东部，豫、鲁、苏、皖四省结合处，处于亚欧大陆桥——陇海铁路和中国最长的南北大动脉——京九铁路的交会处。商丘原来是一座县城，1997 年才撤县改市。商丘的名称因远古时期商族部落活动于此，商人为避洪水之害遂择丘而居，故把此地命名为商丘。“商丘”“睢阳”“宋国”“南京”“归德府”，这些商丘历史上每一个时期的名称，仿佛都在向人们诉说着它悠久、辉煌的历史。

商丘是先商和商业的发祥地。帝舜时代，帝喾之子契（阏伯）辅佐禹治水有功，被舜封于商（今睢阳区）做火正，为商族人的始祖，深受人民的爱戴，故人们尊他为“火神”。西汉封梁孝王于商，建梁国，在永城芒砀山就有西汉梁王陵墓群，这是目前中国所发现的年代最早、规模最大的汉墓群。清至今，均沿用商丘县的称谓。

4 000 多年的历史，为商丘留下了灿若繁星的历史人物和文化景观，如道家学派的代表人物庄子、墨家创始人墨子、巾帼英雄花木兰、烹饪之祖伊尹、唐代名相魏元忠、《桃花扇》的主人公侯方域等。代表性的人文景观有被称为“八卦城”的商丘古城，堪称古代建筑艺术瑰宝。商丘是至圣先祖孔子的祖居地、古代巾帼英雄花木兰的故乡。这里有被世人誉为“敦煌前的敦煌”的汉墓画和堪称世界之最的石室墓，北宋时期全国四大书院之首的应天书院，中国最长、最完整的黄河故道大堤，等等。

商丘的文化名片主要有火文化、商文化、汉梁文化、木兰文化等。

现在我们的旅游车正行驶在商丘市中心，透过车窗大家请看这座深红色的雕塑，这是一个古老的“商”字。人们根据甲骨文中“商”字进行造型上的变异、取舍和夸张，创作了这座既有东方传统文化，又有商丘特定文化内涵的城市雕塑，它寓意商丘古城为“商都”。

朋友们，我们现在所看到的这座古城就是著名的商丘古城，这座古城始建于明朝正德六年（1511），距今已近500年的历史了。商丘古城具有八卦城、水上城、城摞城三大特点。全城外圆内方，形如古铜钱，93 条街道形如棋盘。内城地势呈龟背状，中间高，四周低，略向南倾斜；内城四周城墙耸立，巍峨壮观。古城四面环水，仅有四门与外界相通，从空中看古城像建在水中一样。需要说明的是，内城的南门和城墙，是北宋南京城的北城门和北城墙，距今已逾千年。在地面上能保留上千年的城墙，实属罕见。且内城、城湖、城郭三位一体，城内以“八卦”图形排列，堪称古代建筑艺术瑰宝。

说话间，我们所要参观的旅游目的地马上就要到了，接下来我简单介绍下芒砀山景区的有关情况。

永城市芒砀山文物旅游区位于豫、鲁、苏、皖四省结合部，是豫东边陲一座新兴的汉文化旅游胜地。芒砀山文物旅游区文化内涵厚重，人文景观遍布，占地 12 平方公里，包括四大景区、三十个旅游景点，在不足 10 平方公里的区域内，不同时代的文物古迹几乎涵盖了中国历史演变的全过程。最令人叹为观止的是西汉梁国陵墓群，是国家级重点文物保护单位之一。其中梁孝王王后墓长 210 米，是迄今国内发现的最大石室陵墓。汉墓中出土的壁画、金缕玉衣、鎏金车马器、骑兵俑、精美玉器等众多文物，实属稀世珍品、艺术瑰宝，具有较高的历史、艺术、科研价值。

好了，游客朋友们，芒砀山文物旅游区已经到了，下车之前再次提醒大家，我们的车牌号是豫 A678AN，我们的停车位置是停车场 A 区 36 号，请大家记住我们的停车位置、车牌号和我的手机号。朋友们，现在就请您关好车窗，带上您的随身物品随我一起下车参观游览。

芒砀山景区（景点讲解）

游客朋友们，芒砀山文物旅游区的主要景点是西汉梁国王陵墓群。公元前 168 年，汉文帝把儿子刘武从淮阳王徙封为梁王，国都设在睢阳，也就是今天商丘市的睢阳区。公元前 144 年 6 月 6 日，梁王刘武暴病而死，埋葬于保安山南峰。其后，子孙八代相继袭封梁王。至公元 5 年王莽篡汉，结束了西汉梁国的命运。从刘武葬芒砀始，历经 150 余年，芒砀群山变成了梁国王陵墓群。这些依山开凿的地下宫殿，其分布之集中、结构之复杂、规模之宏大，是极为罕见的。

我们现在所处的位置是汉博苑广场，当您信步前行在这古钱铺就的大道上，是否犹如走进 2 000 年前的空间！大家知道，历时 400 年的大汉王朝是中国历史上繁荣昌盛的重要时期，也是我们汉民族、汉语言、汉文字、汉文化的形成时期，它肇迹于芒砀山，起始于芒砀山，又汇集于芒砀山。您现在看到的两侧为汉文化展廊。左侧为塞石展廊，展品是封堵梁孝王王后墓东墓道及甬道的塞石，上面刻有干支纪时、工匠姓氏、石块尺寸和排列位置的序号等。这些塞石呈阶梯状封堵整段墓道，每块塞石重达一吨半左右，当时没有起重机，全凭人力搬运，其艰难程度可想而知。右侧的展廊展示的是在永城境内出土的部分汉代画像石和拓片，主要内容为宴饮、狩猎、舞乐百戏、出巡等。每一块画像石都可谓是巧夺天工，艺术地再现了 2 000 年前先民的生活场景。

游客朋友们，我们现在即将参观的景点是柿园汉墓——梁共王陵。该墓为梁孝王刘武的长子梁共王刘买之墓，距今已 2 100 多年。墓室内这幅将近 30 平方米的西汉彩绘壁画——《四神云气图》，被专家称为“敦煌壁画前之壁画，敦煌壁画外之壁画”。这幅壁画主要内容是由青龙、白虎、朱雀、玄武、灵芝及云气纹等组成的图案。在黑、白、红、绿四色构成的画面上，奇禽异兽，瑞鸟祥云，各有其深层的寓意和神秘的象征，整幅壁画寓意着墓主人乘龙升仙的愿望。经专家考证，此壁画是中国目前所见的唯一一处西汉前期诸侯王级的巨幅彩色壁画，填补了中国西汉前期巨幅彩色壁画的空白。《四神云气图》被誉为“四最壁画”，即篇幅最大、年代最悠久、保存最完整、考古艺术价值最高。

我们现在所看到的这座陵墓是梁孝王刘武之妻李王后陵。该陵墓位于保安山北峰，坐西面东，南距梁孝王陵约 200 米。此墓属于大型“凿山为室”的石崖墓，距今 2 100 多年。在西汉时期的梁国陵墓群中，梁孝王墓和他的王后墓与普通的汉朝贵族墓葬不同，不是用石块砌成，而是以山为陵，凿石穿山而成的地下宫殿群。要知道那个时代是没有火药的，古代的工匠在只能使用锤子、凿子等工具的情况下，花费数十年，在坚硬的岩石中开凿而成。该墓规模宏大，结构复杂，是目前中国发现的最大崖洞墓，被专家赞誉为“天下石室第一陵”。它仿照当时地面王宫的布局建造，各种生活设施一应俱全，不但门前有陶制车马，地宫内还有厨房、更衣室、沐浴室、贮藏室、壁橱、储冰柜等。值得一看的是里面的厕室，居然建有石制带扶手的坐便器，不得不让人对古人的生活水平刮目相看。

游客朋友们，现在我们面前的这座山叫保安山，在这座山的南峰上葬的是梁孝王刘武，北峰葬的是刘武夫人李王后，这属于夫妻“同坟异穴”合葬的陵墓。梁孝王刘武生活在西汉初期文景盛世，由于他特殊的身份和地位，其葬制享用了汉代皇帝的埋葬规格，对后代梁国王陵墓葬形制产生了很大影响。梁孝王陵巨大的工程建筑充分体现了中国古代劳动人民的创造才能和聪明智慧，同时它对研究汉代的物质文明、社会生活和丧葬制度等多方面都有重要价值。

好了，游客朋友们，芒砀山文物旅游区的讲解就到此结束，接下来给大家留出 40 分钟的自由参观时间，40 分钟后，我们在大门口集合。

第七节 安阳殷墟景区

殷墟（沿途讲解）

各位游客朋友，大家好！欢迎来到古都安阳观光游览。首先请允许我代表我们安阳古都旅行社的全体员工向大家的到来表示热烈的欢迎！我是咱们此次安阳之行的导游员，我姓王，大家可以叫我小王。坐在我旁边的这位是我们的安全大使李师傅，此次的安阳之行将由我和李师傅竭诚为大家服务，最后衷心地祝愿大家在旅途中玩得开心、舒畅！

我们的行程是这样安排的：上午参观殷墟博物院，中午在安阳明珠大酒店就餐，品尝当地美食，下午参观安阳马氏庄园。现在我们的车正缓缓离开安阳火车站，接下来我们一起先认识下安阳。安阳位于河南省北部，是一座有着 3 000 多年历史的古城，是甲骨文的故乡、《周易》的发祥地，是我国历史上第一个有文字和文物可考的长期稳定的都城。

古老的安阳有“三根”：一是“文字之根”。世界四大文明古国的文字，除了甲骨文字以外全部都湮灭了，只有甲骨文字一脉相承，传承至今，具有顽强的生命力。

二是“文化之根”。五经之首的《易经》，就发祥于安阳的羑里城。《易经》所包含的朴素唯物主义的哲理，以及它的神秘色彩，在中华文化发展的过程中起到了独特的作用。

三是“民族之根”。三皇五帝之中，就有颛顼、帝喾两位圣贤在我们安阳建都，至今还有他们的王陵——二帝陵。

安阳是七朝古都，也可以用“一、二、三、四”这四个数字来介绍。

一城之内皆是宝。自 1899 年著名金石学家王懿荣发现了甲骨文之后，便撩起了殷商古都的面纱，把一个灿烂的殷商文化呈现在世人面前。这里有 2.5 万年前原始洞穴的小南海文化誉满全球，后岗的仰韶、龙山、小屯三层文化的地层叠压出了安阳乃至中国文化的悠久历史，4 000 多年前的古帝颛顼、帝喾的纪念陵更烘托出了古都的庄严气质。在古都安阳，您可以找回对中国古代朝野的深刻记忆：全国第一个甲骨文档案库、青铜器之冠“后母戊方鼎”、第一个女将军妇好的墓、最后一个皇帝袁世凯的陵墓——袁林、第一座国家监狱——羑里城、号称“河朔第一古刹”的灵泉寺和万佛沟等古迹。所以说我们安阳是一城之内皆是宝。

二水出自安阳城。这二水的第一水就是发源于太行山的洹水，它穿城而过，是我们安阳的母亲河；第二水就是我们明天将要去参观的人工天河——红旗渠。

三宝产自殷墟里。殷墟于 2006 年 7 月被联合国教科文组织列入《世界遗产名录》。之所以成为世界文化遗产，主要有三宝：一是甲骨文；二是青铜器；三是都城遗址。这三宝我将在参观殷墟博物院时给大家详细介绍。

四面八方我为中。安阳位于中国河南省北部，地处山东、山西、河南、河北四省交界处，从中国版图上看，正居于中心位置。从这里西到天山脚下、东到东海之滨、北到白山黑水、南到两广海南距离大都要经过两三个省。

安阳虽为七朝古都，但影响最大的还是作为殷商时期的都城。公元前 1300 年，商朝第 20 位国王盘庚把都城由山东“奄”也就是今天的曲阜，迁到“殷”也就是现在的安阳小屯，并在此建立都城，经历 8 代 12 王，共 254 年。从此，这里成为殷商王朝政治、文化、经济的中心。到公元前 1046 年，周武王伐纣灭商以后，这片土地逐渐荒芜，变成了一片废墟，史称“殷墟”。“殷墟博物院”就是在殷墟宫殿区遗址上兴建起来的。

殷墟是商朝后期的文化遗址，位于安阳市的西北郊，被列为“中国 20 世纪 100 项考古重大发现”之首；2006 年，又被联合国教科文组织列为了“世界文化遗产”。

朋友们，殷墟博物院停车场到了，下车之前再次提醒大家，我们的大巴车是黄色的宇通大巴车，停在停车场的 A 区 36 号，车牌号是豫 E345AN，我的手机号是 12345654321。我们将在殷墟参观 3 个小时，11 点 30 分我们在大门口集合。现在请大家关好车窗，携带好自己的随身物品随我一同下车参观游览。

殷墟（景点讲解）

游客朋友们，展现在我们大家面前的就是殷墟博物院了。殷墟博物院坐落在洹河岸旁，是一座地下博物馆。这样的设计既符合现在世界上遗址保护的理念，同时又尽可能地与整个殷墟遗址景观相协调。从平面上看，博物院酷似甲骨文的“洹”字，这是取殷墟依附洹河之意，象征洹水在商文明发展过程中的重要作用。中心高出地面 3 米的青铜结构，像一只巨大的青铜鼎，代表着商代是我国古代青铜器铸造技术鼎盛时期。

游客朋友们，现在呈现在我们眼前的是殷墟博物院的大门。这座门是由北京著名古建筑学家杨鸿勋教授专门设计的，它是仿照甲骨文“门”的写法而建，看似简单，却是最原始的大门，可称其为华夏“门”的鼻祖。这扇大门已成为殷墟景区著名的标志性建筑物之一。而大门两侧的两个金黄色浮雕图案，是根据 1976 年妇好墓中出土的龙形玉玦的形状仿制而成的，这也是我们中华民族早期龙的形象之一。

当世界多数人们还停留在石器时代时，生活在这里的人们已经步入了青铜器时代，这也是殷墟闻名于世的第一个原因。现在呈现在我们眼前的这件青铜器，就是著名的后母戊大方鼎的仿制品。殷都以冶铜工业最为著名，尤其是出土的后母戊大方鼎，更是以其恢宏的气势向亿万人民展示了手工业的“绝活”。后母戊鼎 1939 年从王陵区出土，通高 1.33 米，长 1.1 米，宽 0.78 米，重达 875 公斤，是迄今为止世界上所发掘的最大的一件青铜器，属于国宝级别。如此大的重器，浇铸起来特别困难。据估计制造这样的重器需要明确的分工和协作，从炼铜的浇铸、制模到拆范需要 130 多人同时施工。其中铜、铅、锡的含量比例与现代所铸青铜器的比例基本相同，我们可以想象当时的冶炼技术是何等的高超。

大家请随我继续向前走，现在我们面前的这座大殿就是建在商城遗址上的复原的仿殷大殿，它好似殷都的心脏，是商王朝拜议事的重要场所。这座建筑采用的是“茅茨土阶，四阿重屋”的建筑方式，即大殿建在夯土台阶之上，茅草盖顶，双重屋檐，四面斜坡。都城是殷墟闻名于世的第二个原因。

接下来让我们一起步入仿殷大殿，来了解下殷墟闻名于世的第三个原因。现在在我们面前的是编号为 YH127 的甲骨坑，是殷墟至今出土甲骨最多的一坑，共出土 17 096 片甲骨，在 1996 年召开的国际图联大会上被誉为“中国最早的图书馆”“世界最早的档案馆”。从这里可以看出，商王从事占卜特别频繁，几乎无日不卜，无事不卜。商王占卜都是由专人进行，他们在已经选好的龟甲或牛肩胛骨的背面凿一些排列整齐的小孔，然后将熊熊燃烧的木炭放里灼烧，骨头受热后，正面会“噗”的一声出现裂纹，占卜师根据这些裂纹来判断事物的凶吉，然后把占卜的原因、结果刻在龟甲和兽骨上。因此甲骨文又叫甲骨卜辞。甲骨文最早由王懿荣先生于 1899 年发现，因此王懿荣被称为“甲骨文之父”。

看过中国最早的车马遗迹——殷墟车马坑，我们现在要参观的是妇好墓。

我们现在来到了妇好墓享堂广场。首先映入大家眼帘的这尊雕像就是华夏最早的巾帼英雄——妇好，它高约 3.5 米，由汉白玉雕塑而成，生动地再现了妇好生前的英姿和风采。

妇好是商王武丁的妻子，她能文善武，深受武丁宠爱，多次参与国家大事，为武丁的江山社稷立下汗马功劳，被称为我国第一位有文字记载的女将军。据甲骨文记载，她多次率兵东征西战，最多的一次竟带兵13 000多人，不少男性都归她指挥。妇好不仅能率兵征战，还能主持重大的宫廷祭祀，在王室中有着举足轻重的地位。由于连年征战，妇好终因积劳成疾，先于武丁而亡。武丁很悲痛，破例将她厚葬于自己处理国家大事的宫殿区里，并在墓坑上精筑享堂，以示纪念。

我们现在已经来到了地宫二层，这里就是妇好墓。妇好墓南北长5.6米，东西宽4米，墓底距地面深7.5米，随葬品出土1 928件，分6层葬于墓内。妇好墓是一座未被盗过的殷代王室墓，随葬品出土极为丰富，其中出土青铜器468件，总重量达1 600多公斤。墓最底层发掘有黑红相间的漆皮，推测应为妇好棺材的位置。左右两侧摆放的是6 700多枚海贝和755件玉器，随葬的755件玉器，每一件都称得上巧夺天工。这些玉雕不仅工艺精巧而且生动活泼、形神兼备，堪称商代玉器的精品，显示出当时造型艺术与琢玉技术所达到的高度水平。这些玉大部分来自辽宁、新疆等地。

好了，各位游客，参观到此我们整个殷墟的讲解就全部结束了，下面是自由活动时间，40分钟后我将在门口恭候大家，谢谢！

第八节　三门峡函谷关

函谷关（沿途讲解）

游客朋友们，大家好，远道而来，一路辛苦了！首先我代表古都旅行社对大家的到来表示热烈的欢迎，我是大家此次三门峡之行的导游员小王，坐在我身后的这位是我们的安全大使李师傅，本次的三门峡之行将由我和李师傅竭诚为大家服务，您在旅途中有任何的意见和要求尽管提出，我们会尽力满足。在此预祝大家度过一个轻松而又愉快的旅程！

今天我们要参观的函谷关景区，位于三门峡灵宝市境内。我们的行程是这样为大家安排的：上午参观函谷关景区，中午在函谷关酒店用餐，下午参观灵宝的地坑窑院，晚上入住三门峡大酒店。

随着我们的旅游车缓缓驶出郑州，前方我们看到的这座高塔就是河南省文化产业的标志性建筑——中原福塔，又名河南广播电视塔。塔高388米，其中，塔主体高 268 米，桅杆高 120 米，钢结构总重量约 16 000 吨。在目前已建成的世界全钢结构电视塔中高度居于第一位，高于同类结构的日本东京铁塔（333 米）和法国埃菲尔铁塔（321 米）。中原福塔在 2012 年荣获中国土木工程詹天佑奖。该塔由同济大学建筑设计研究院设计，目前已成为集广播电视信号发射、旅游观光、餐饮购物、文化娱乐、名胜展示、会议庆典等多功能于一体的大型现代化旅游景点。在这里您可以登世界最高钢结构塔，赏世界最大全景画，品中原最灿烂文化，享高空最惊险刺激。

我们现在已经驶入了连霍高速，说话间我们的车已经进入三门峡市境内。三门峡市是 1957 年伴随万里黄河第一坝——三门峡水利枢纽工程的建设，在陕州故城遗址上崛起的一座新兴旅游城市，位于河南省西部。东与千年帝都洛阳市为邻，南依伏牛山与南阳市相接，西望古都西安，北隔黄河与三晋呼应，是历史上三省交界的经济、文化中心。相传大禹治水，使用神斧将高山劈成"人门、神门、鬼门"三道峡谷，三门峡由此而得名。被誉为镶嵌在黄河岸边的一颗璀璨的明珠，有"天鹅之城"的美誉，是我国六大苹果出口基地之一。

三门峡是一座既年轻又古老的城市，说它年轻是因为它 1957 年才成立三门峡市，建市较晚。说它古老是因为三门峡这块儿地区也是我们华夏文明的发祥地之一，早在公元前 21—前 13 世纪，这里就是夏商王朝统治的中心区域。西周时属焦国、虢国，也是今天百家姓中焦姓、郭姓两大姓氏的发源地。春秋先属虢后属晋。秦属三川郡，汉属弘农郡，北魏置陕州后一直延续至明、清。厚重的历史文化为这里留下了许多驰名中外的名胜古迹。灵宝西坡遗址被列为全国首选的中华文明探源工程六大遗址之一，仰韶村文化遗址、庙底沟文化遗址、虢国上阳城与虢国墓地三大发掘入选中国 20 世纪百项考古大发现。另外还有 2 处入选国家级非物质文化遗产名录，20 处入选省级非物质文化遗产名录。

游客朋友们，不知不觉中函谷关古文化旅游区马上就要到了，现在我给大家简要介绍一下函谷关古文化旅游区的概况。函谷关古文化旅游区位于灵宝市区北 15 公里的王垛村，古代处于洛阳至西安故道中间的崤山至潼关段。因多在涧谷之中，深险如函，古称函谷。春秋时秦孝公从晋国手中夺取崤函之地，在此设置函谷关。此关东西长 7.5 公里，谷道仅容一车通行，素有"一夫当关，万夫莫开"之说。公元前 241 年，楚、赵、韩、卫诸国合纵攻秦，至此败还。现代此处有令尹望气台、孟尝君鸡鸣台、老子著《道德经》的太初宫等，太初宫已经成为国内外信仰者祭奠老子的重要场所。

好了，朋友们，函谷关停车场到了。在下车之前再次提醒大家，我们的旅游车是黄色的宇通车，车牌号是豫A678AN，我们的停车位置是停车场A区36号，请大家记住我们的停车位置、车牌号和我的手机号。另外提醒大家观景不走路，走路不观景，一定要注意安全。现在请大家带上自己的贵重物品，随我一同下车参观游览。

函谷关（景点讲解）

各位游客朋友，现在我们已经来到了函谷关古文化旅游区。函谷关始建于西周，鼎盛于秦汉，距今已有3 000多年历史。它不仅是一处军事要塞，而且是道家文化的发源地，被誉为“千古雄关，道家之源”。我们今天的参观分为两部分，第一部分是老子著经处——太初宫；第二部分是函谷关。

首先我们参观第一部分——太初宫景区。

太初宫原称太初观，后唐玄宗李隆基御赐为天宝观，到了宋崇宁四年（1105）才改为太初圣宫。此殿始建于西周，我们目前所看到的建筑则是唐代遗留下来的，并且在宋、元、明、清历朝均有修缮，这里有碑为证，东边这通是元大德四年（1300）重修太初宫碑，距今已有700多年历史；西边这通是清顺治十年（1653）重修太初宫碑，距今也有300多年历史，上面刻写的是老子入关、玄宗改元和重修太初宫的历史资料。

现在，我们先来一起了解下老子。老子姓李，名耳，字聃，春秋时期楚国厉乡曲仁里人，即今天河南周口鹿邑太清宫人，是我国古代伟大的思想家、哲学家，他曾做过周朝守藏室史官，相当于现在的国家图书馆和国家档案馆馆长一职。公元前491年，曾任东周守藏史的老子因看到周王朝日渐衰落，礼崩乐坏，便辞官西隐，途经函谷关，被当时关令尹喜拜留在关内太初宫，写下了彪炳后世的五千言《道德经》，从而开创了中国独有的一脉——道家文化。这部道家学派的开山巨著共81章、5 380字，言简意赅，包罗万象。据联合国教科文组织统计，它的发行量在全球仅次于《圣经》，位居第二。老子被国人尊称为“哲圣”。

《道德经》是我国最早的一部较为系统的哲学著作，它集中反映了一个“道”的概念，体现了一种“无为”“不争”的思想，通篇73次提到“道”，旨在教化人们凡事遵从规律，顺应规律，不能强作强为。今天我们大家在函谷关接触了《道德经》，认识了《道德经》，希望老子的一些思想能对您的生活和事业有所帮助。

各位游客，我们现在去参观灵符遗址，了解灵宝地名的来历。灵宝早在夏、商、周时就称桃林，秦设桃林县，汉代设弘农郡，隋代恢复成桃林县。据司马光的《资治通鉴》215卷唐纪31篇记载，唐开元二十九年（741）农历十一月初七，陈王府参军田同秀上奏唐玄宗，言老子托梦于他，说当年著经之地藏有灵符一枚，得此灵符者可永享江山。唐玄宗对此说法深信不疑，命人去寻找灵符，果然在此处掘地三尺，找到一个桃木简符。认定灵符是天赐之宝，遂顺应天意，将“开元”年号改为了“天宝”。这就是历史上有名的“玄宗改元”。又于次年老子诞辰之日，将灵符所得地桃林县更名为灵宝县，意为此地人杰地灵，物华天宝。灵宝地名也就是由唐玄宗李隆基金口御言所赐。从此唐玄宗就把道教定为国教，号召群臣百姓研读并亲自注释《道德经》，同时把它作为科举考试的重要科目。

各位游客，刚刚我们参观了太初宫，现在我们参观函谷关古文化区的第二部分——函谷关。

函谷关始建于西周，是我国历史上建置最早的雄关要塞，从时间意义上说它是“天下第一关”。函关古道“车不双轨，马不并鞍”“一夫当关，万夫莫开”，曾有“一泥丸可堵塞之”的说法。因地势险峻，进可攻，退可守，为历代兵家必争之地。

我们现在看到的函谷关为秦汉建筑，双门双楼三层悬山顶四阿式，这样的风格在国内非常罕见。因两主楼顶端各饰一只丹凤鸟，俗称丹凤楼。函谷关因战争而建，又因战争而毁，原关楼已被西楚霸王项羽烧毁，后来屡建屡毁。这座关为先秦函谷关，另外还有两处：一处在河南省的新安县，是汉元鼎三年，即公元前114年，楼船将军杨仆（宜阳人）耻为关外人，上奏武帝，尽捐家资将函谷关东移了300里，后人叫新函谷关，又叫汉函谷关；另一处在此关北5公里处，是东汉末年，曹操率数十万大军西征张鲁、马超时，为转运兵马粮草而沿河修建，故叫魏函谷关。关楼上有冯玉祥将军题写的“天下为公”四字，1960年，三门峡水库拦洪时被淹没。

各位游客，此关楼虽为后建，但目前仍保留有两处战国时期的遗址。这座箭库遗址是当时守城兵士的武器库，距今已有2 000多年。它为竖井式，深11米，直径0.9米。箭为铁杆铜镞，每30枚为1束。1986年发现后，经文物考古工作者发掘清理，并加以保护。古城墙遗址是1987年发现并加以保护下来的。城墙为夯土结构，分别由平、圆、竖等多种夯打方法夯筑而成。据勘测，东城墙长1 500多米，南城墙长200多米，西城墙长1 300米，北面的500米面临深沟，巍巍城墙形成了一道固若金汤的屏障。

“双峰高耸大河旁，自古函关一战场”。函谷关设关至今的3 000多年间，这里曾发生过许多次战役，有不少大战还影响了中国历史的进程。有一些非常有名的战例，如周武王的“出谷会师”、秦国的“割城求和”、李自成的“二出函谷”、辛亥革命的“张钫出关”以及1947年的“奔袭函谷关，解放灵宝城”等。

好了，各位游客，参观到此我们今天的函谷关讲解就结束了，接下来给大家留下40分钟的自由参观时间，40分钟后我们在函谷关门口集合一起前往停车场。谢谢！

第九节　安阳红旗渠

红旗渠（沿途讲解）

游客朋友们，大家好！远道而来，一路辛苦了！首先请允许我代表我们山水旅行社的全体员工对大家的到来表示热烈的欢迎！我是大家本次红旗渠之旅的导游员小王，坐在我身旁的这位是我们的安全大使李师傅。这次的红旗渠之旅将由我和李师傅全程为大家服务。途中有任何需要帮忙的地方，请您尽管提出来，我们会尽力地解决。在此，预祝本次旅程顺利、愉快！

接下来，我把今天的行程简单介绍一下。我们的旅游车从郑州出发途经新乡、鹤壁、安阳，大约需要3个半小时，就到达本次旅游的目的地——林州红旗渠景区。

我们现在正行驶的这条高速公路是连接北京和广州、珠海、香港、澳门的京港澳高速公路，全长2 310公里。是一条首都放射型国家高速，国家高速公路网中编码为G4。

不知不觉我们已经驶入新乡原阳境内，提起原阳，大家会立刻想到原阳大米。原阳大米素有“中国第一米”的美称。原阳县地处豫北平原，有大面积的背河洼地和黄河水灌溉等得天独厚的自然条件。原阳大米就是种在了经过黄河水淤平改良后的土地上，并经过了有机化合物和多种微量元素含量丰富的黄河水的浇灌，再加上该地区昼夜温差大的特殊气候，从而造就了原阳大米的一流品质。有趣的是，该县盐碱地又赋予了大米先天的碱性，使原阳大米煮饭时不需加碱就香味十足。所产大米独具特色，米质晶莹透亮，软筋香甜，香味醇正，适口性强，经国家权威部门化验对比，原阳大米的蛋白质、淀粉以及铜、铁、钙等微量元素含量均高于国际有名的泰国大米。据悉，自

1991年以来，原阳大米先后获得国家“七五”星火科技博览会金奖、两届中国农业博览会金奖、国际食品加工技术博览会金奖等各种国家级和国际级金奖。原阳大米使原阳声名远播，原阳已建成了全国屈指可数的大米市场，这里的米价甚至可以左右全国米市的价格，“原阳大米”成了原阳人的骄傲。

我们的旅游大巴经过了新乡、鹤壁后现已驶入安阳境内，接下来我简单介绍一下安阳。安阳位于河南省最北部，地处晋、冀、豫三省交会处，自古人杰地灵，历史文化积淀深厚，被誉为“文字之根，文化之根，人祖之根”。是甲骨文的故乡，《周易》的发源地，中国文字博物馆、红旗渠、袁世凯墓、曹操陵的所在地。中华民族最早使用的文字——甲骨文、世界上最大的青铜器——后母戊大方鼎在这里出土，其历史文化可谓是源远流长。

而今天我们要游览的红旗渠就位于安阳林州市的西北部。林州人民在党的领导下，以20世纪60年代修建红旗渠、80年代发展建筑业、90年代以来大力发展工商业为标志，谱写了“战太行，出太行，富太行”创业三部曲，并孕育形成了“自力更生，艰苦创业，团结协作，无私奉献”的红旗渠精神。

红旗渠是20世纪60年代，林县人民在极其艰难的条件下，从太行山腰修建的引漳入林工程，此工程改变了林县历史上严重缺水的状况，使当地最基本的生存条件得到改善，促进了社会和经济的发展，被世人称为“人工天河”。作为一项震惊世界的世纪工程，周恩来总理曾自豪地告诉国际友人：新中国有两大奇迹，一是南京长江大桥；二是林县的红旗渠。

1990年，林州开始开发红旗渠景区，历时十几年，通过科学规划，建成了分水苑、青年洞、络丝潭3个景区，使昔日的荒草坡成为闻名中外的旅游胜地，同时更是青少年爱国主义教育基地。

好了朋友们，不知不觉间，我们已经到达红旗渠景区停车场，在下车之前再次提醒大家，我们的旅游车是黄色的宇通车，车牌号是豫A678AN，我们的停车位置是A区36号，请大家记住我们的停车位置、车牌号和我的手机号。另外提醒大家观景不走路，走路不观景，一定要注意安全。好了，朋友们，现在就请您关好门窗，带上您的随身物品随我下车一起参观游览。

红旗渠（景点讲解）

游客朋友们，现在展现在我们面前的就是红旗渠景区了。我首先对红旗渠的背景做一个简单介绍。20世纪60年代，在滴水贵如油的林县山区，林县人民以“重新安排林县河山”的豪迈气概，在县委县政府领导下，千军万马战太行，开始了“引漳入林”大会战。逢山凿洞，遇沟架桥，一锤一钎，苦干10年，削平了1 250座山头，凿通了211个隧洞，架设了152座渡槽，建成了盘绕林虑山长达1 500千米的引水灌溉工程——红旗渠。红旗渠的建成，使林县54万亩贫瘠的土地变成了肥沃的良田。工程浩大，震惊世界，曾被中外友人誉为“世界奇迹”“人工天河”。

首先，我们来参观分水苑景区。分水苑又名分水岭。红旗渠总干渠在这里分为3条干渠，因之改名分水苑。大家请看，这是分水苑牌坊，正面“分水苑”3个大字是由原林县县委第一书记杨贵题写。走进分水苑牌坊，我们迎面看到的是千军万马战太行的巨型浮雕。浮雕以林县人民战太行的群体形象为主题，用磅礴的气势勾勒出一幅改天换地的斗天图。整个浮雕分为4个场面：林县县委发出“引漳入林”的号召；技术人员实地勘测；凌空除险；千军万马战太行。在左面墙上的这6幅壁画介绍的是红旗渠上的重点工程。我们来看最后一幅“红英汇流”：红旗渠一干渠沿林虑山南下，英雄渠沿淅河东流，至合涧镇西汇合，形成了一处优美的飞流直泻奔腾图。

在“千军万马战太行”浮雕右侧，是红旗渠主要工程壁画，共有6幅。第一幅是“红旗渠源”。红旗渠源头位于山西省平顺县，是将漳河水引入红旗渠的枢纽工程。1960年3月，承担截流任务的林州人民，在无大型机械，又无先进技术的情况下，以大无畏的革命气概跳入冰凉刺骨的激流，逼水改道，流入红旗渠内。第二幅是“青年洞”。关于青年洞我们在后面会给大家做详细的讲解。第三幅是“空心坝”。该工程是以坝上过河水，坝中过渠水，解决了河水与渠水在一个平面上交叉的矛盾，是一座两用坝，故称空心坝。第四幅是“南谷洞水库”。该水库始建于1958年，既调节汛期洪峰，又可补充红旗渠水源，现在已被开发成“太行平湖”风景区。

接下来我们将去参观青年洞景区。青年洞位于红旗渠总干渠任村、卢家拐村西，是总干渠最长的隧洞，也是红旗渠总干渠的咽喉工程之一。1960年2月由横水公社320名青年先行施工。是年11月因自然灾害和国家经济困难，总干渠暂时停工时，为早日将浊漳河水引入林县，建渠干部群众坚持“宁愿苦战，不愿苦熬”，改由各公社挑选300名青年组成突击队，继续施工。当时修渠民工口粮很低，为了填饱肚子，上山挖野菜，下漳河捞河草充饥，很多人因此得了浮肿病，仍坚持战斗在工地，以愚公移山精神，终日挖山不止。

坚硬的石英岩一锤打下去一个白点，数十根钢钎打不成一个炮眼，青年们面对这种艰难困境，创造了连环炮、瓦缸窑炮、三角炮、抬炮、立炮等新的爆破技术，使日进度由起初的0.3米提高到2米多。经过一年零五个月的奋战，1961年7月15日凿通隧洞。为表彰青年们艰苦奋斗的业绩，将此洞命名为“青年洞”。1973 年全国人大常委会副委员长郭沫若亲笔题写了洞名。

由分水苑景区乘车上行 30 公里，就到达青年洞景区。这里山高水险，红旗渠悬挂在巍峨雄峙的太行山悬崖绝壁之上，8 米宽的红旗渠从山中穿过，确实是一道雄险秀丽的风景！

“鹰咀山”是进入青年洞景区的第一景。在红旗渠之上有段崖壁，书有“鹰咀山”3 个大字。举目静观，突出的山崖酷似一只雄鹰耸立于红旗渠之上，极目远望，意欲展翅腾飞。看到雄鹰展翅，就不会忘记继续发扬红旗渠精神，继续努力奋斗，建设好我们的祖国。现在我们看到的是虎口崖，山崖向外突出 10 余米，崖势险恶，高耸入云。当年修建红旗渠时，山崖上时有石头掉下来砸伤修渠民工。为了减少伤亡事故的发生，勇敢无私的除险队长任羊成带着他的伙伴们，腰系大绳从山崖上飞荡进入虎口，除掉险石，人们称这种举动为“虎口拔牙”。大家看崖下就是著名的神工铺了，是当年修渠民工住过的地方。

在那么艰苦的条件下，林州儿女依然保持着乐观的情绪，以自力更生、艰苦创业的红旗渠精神作为支撑，完成了这一伟大历史性工程。红旗渠的修筑虽然已经过去很久，但是通过今天的游览，我想大家对整个伟大的工程一定有了更深的了解，希望大家不要忘记当年艰苦的山中岁月，不要忘记那些伟大的修渠人。

1996 年 6 月江泽民总书记视察红旗渠并亲笔题词“发扬自力更生、艰苦创业的红旗渠精神”，被镌刻在太行石壁上，代代相传。在此，我也诚挚地希望朋友们，要谨记这来之不易的红旗渠精神——自力更生，艰苦创业，团结协作，无私奉献，并把它带到您的家庭生活和工作岗位上，助力您的“中国梦”。

好了朋友们，红旗渠的讲解就告一段落，接下来的时间，请大家自行参观，拍照留念，一定要注意安全。半小时之后，我们再向下一个景点出发。感谢您的配合。

第十节　开封焦裕禄纪念园

焦裕禄纪念园（沿途讲解）

游客朋友们，大家好！远道而来，一路辛苦了！首先我代表河南红星旅行社对大家的到来表示热烈的欢迎。我是导游员小王，很高兴能有机会和大家一起参观焦裕禄纪念园。坐在我身旁的这位是我们的安全大使李师傅，这次的兰考之行将由我和李师傅竭诚为大家服务，在旅游过程中有什么意见或要求，您尽管提出，我们一定会尽力解决。最后，衷心地祝愿大家旅途愉快！

现在我们的旅游车已经离开郑州，大约两个半小时后就到了我们今天的旅游目的地焦裕禄纪念园，我们将在焦裕禄纪念园参观、学习 3 个小时，之后在焦裕禄干部学校用午餐，下午返回开封参观。

我们的旅游车正行驶的这条道路叫郑开大道，是连接郑州与开封的快速公路，也是一条旅游专用通道。2006 年 11 月正式通车，双向 10 车道，宽 100 米，限速 80 公里 / 小时。原来两城市间的交通往来主要靠公共汽车，从郑州到开封需要两个多小时，现在有了郑开城际公交，平均 10 分钟一班，只需 50 分钟便可从郑州到达开封。

郑开大道自 2007 年首次举办郑开国际马拉松赛事以来，至 2017 年已成功举办 11 届，每年的 3 月底 4 月初适时举行，经历了由量变到质变、从稚嫩到成熟的蜕变过程。如今，在这条大道上，经常有不同的自行车驴友活动。而大道两边的绿化带以外，郑州至中牟至开封段，是曾经的黄泛区，如今却是种植花生、大豆、西瓜、大蒜的沃野良田，所以说郑开大道是条绿色通道，名副其实。

透过车窗我们看到的这条铁路线就是郑开城际铁路，于 2009 年 12 月 29 日开工，设计时速 250 公里 / 小时。铁路长度为 50.33 公里，2014 年 12 月正式开通运营。坐郑开城际铁路从郑州到开封只需 19 分钟。

朋友们，我们现在已经进入开封境内，在这里我先给大家简单介绍一下开封的情况。开封位于黄河中下游冲积平原的东部，北依黄河，西接河南省省会郑州，古时候称为汴梁、汴京。到今天，开封已经有 2 700 多年的建城史，先后有七个朝代在此建都，其中尤以北宋在此建都时间最长、影响最大。开封作为北宋的国都长达 168 年，鼎盛时期的东京城人口达到 150 余万人，是当时世界上人口最多的都市，创造了光辉灿烂的宋代文化。清正廉明的包公、满门忠烈的杨家将、变法图强的王安石、抗金英雄岳飞都曾在开封留下光辉足迹。

开封作为七朝古都、北宋京城，饮食文化更是源远流长。开封是豫菜的发源地，开封菜是豫菜的代表，其特点是五味调和，质味适中。开封的传统特色名菜有鲤鱼焙面、套四宝、煎扒鲭鱼头尾、清炖狮子头、清汤东坡肉、将军红烧肉等数百道。独具一格的饮食风味造就了一批名店，开封“又一新”饭庄、“大金台”“第一楼”等老字号持续营业百年，此外，还有灌汤小笼包、桶子鸡、炒凉粉等数以百计的特色小吃。鼓楼夜市传承千年，至今不衰。大家有机会一定要品尝一下开封当地的美食，一定会让您觉得不虚此行。

我们的旅游车现在已经驶入了兰考，兰考素称“孔子过化”之地、文荟之乡，文化积淀深厚。历来崇尚文化、重视教育，且素有讲学之风。远在春秋之季，就有孔子周游列国，由鲁适卫至南鄙仪邑村人请见的故事被载入史册。兰考是焦裕禄生前工作过的地方，是焦裕禄精神的发祥地。

1962 年 12 月，焦裕禄同志被调到兰考县，历任县委第二书记、书记。1964 年 5 月 14 日，焦裕禄同志因患肝癌不幸逝世，时年 42 岁。焦裕禄同志逝世后，兰考人民为了缅怀他，专门为他建立了兰考焦裕禄纪念园。1966 年 2 月 7 日，《人民日报》发表了《向毛泽东同志的好学生焦裕禄同志学习》的社论和《县委书记的榜样——焦裕禄》长篇通讯，高度赞扬了焦裕禄彻底的革命精神。习近平总书记在视察兰考县的时候就首先来到了这里，并号召全国党员学习、弘扬焦裕禄精神。

游客朋友们，我们马上就要到达焦裕禄纪念园了。焦裕禄纪念园位于兰考县城明末清初黄河故堤的沙丘上，始建于 1966 年 2 月，占地面积 91.7 亩，现为全国重点烈士纪念建筑物保护单位、国家级重点文物保护单位、全国爱国主义教育示范基地先进单位。园内主要建筑物有革命烈士纪念碑、焦裕禄烈士墓和焦裕禄纪念馆。

说话间焦裕禄纪念园已经到了。下车之前再次提醒大家，我们的大巴将停靠在焦裕禄纪念园的停车场 C 区，车牌号是豫 A12345，我的手机号是 12345654321，请大家在下午 3 点在此集合。下面请大家关好车窗，携带好自己的随身物品随我一同下车参观游览。

焦裕禄纪念园（景点讲解）

各位游客，大家好！大家首先看到的是革命烈士纪念碑。它建成于 1993 年 5 月，占地 400 平方米，碑高 19.64 米，寓意纪念焦裕禄同志 1964 年逝世。纪念碑由碑体和碑座两部分组成。碑体正面刻有毛主席手体“革命烈士永垂不朽”8 个大字，碑座正面 3 块浮雕分别刻有“解放兰考”“访贫问苦”和“查三害”的画面，背面为碑文。浮雕“解放兰考”反映了人民解放军战士为解放兰考不怕牺牲、浴血奋战的英雄精神；浮雕“访贫问苦”纪录了焦裕禄风雪夜下乡访贫问苦、为贫苦农民送温暖的感人情景，表现了焦书记关心群众疾苦、与人民群众心连心的公仆精神；浮雕“查三害”反映了焦书记带领干部深入基层调查研究，和群众一起查三害、战三害的斗争精神。碑体与碑座连接处是一双手捧着泡桐花与松柏枝叶编织的花环的造型，寓意焦裕禄精神像松柏一样常青，像泡桐花一样永远开在兰考人民心中。整个纪念碑在四周苍松翠柏的映衬下，显得洁净无瑕。

接下来，请大家跟随我参观焦裕禄烈士墓。焦裕禄烈士墓为汉白玉结构，占地 200 平方米，由墓碑、墓周护栏和墓后屏风墙 3 部分组成。墓碑高 2.75 米，正面镌刻着“焦裕禄烈士之墓”，碑阴为烈士生平简介，墓后屏风墙上镶嵌有毛主席题词“为人民而死，虽死犹荣”。墓区广场 2 000 平方米，平整开阔。墓前两侧树立着两座题词牌，分别刻有董必武和郭沫若撰写的歌颂焦裕禄的长诗。整个墓区松柏参天，庄严肃穆。

焦裕禄虽然在兰考只工作了一年零三个月的时间，但他却带病带领兰考人民根治了风沙、盐碱、内涝三大自然灾害。黄河“九曲十八弯”的最后一道弯就在兰考境内。黄河自河套南下，一条直线到兰考北转，折入山东。黄河如果在兰考不北转的话就会从兰考中部通过。早在清咸丰五年（1855）之前，兰考就是河道，黄河就从兰考走。黄河在中下游地段是地上悬河，黄河水居高临下泻入山东，兰考这边 80% 都是黄河故道。今日兰考有迹可考的黄河河道 11 条，这 11 条黄河故道把兰考糟蹋得坑坑洼洼、混乱不堪。水排不出去就形成了内涝，11 条黄河故道又造成了更多的黄河故堤。故堤、沙丘、村庄结合起来就形成了上百个风口。再加上兰考的地下水含碱大，这样风沙、内涝、盐碱就成为兰考几百年来的“三害”。

焦裕禄到兰考时，兰考县正遭受“三害”。为改变兰考面貌，他抽调 20 名干部、老农和技术员，组成一支三结合的“三害”调查队，在全县展开了大规模的追洪水、查风口、探流沙的调查研究工作。他带领大家跋涉 5 000 里，查清了全县大小风口 84 个，逐个进行了编号、绘图，为防灾抗灾积累了第一手资料。1963 年秋，兰考连续下了 13 天雨，全县 11 万亩秋粮歉收、22 万亩受灾。他组织全县干部群众全力抢灾救灾，带领干部，走村串户，访贫问苦，把人民政府的救济粮款给受灾群众送上门。终因积劳成疾，不幸于 1964 年 5 月 14 日在郑州病故，时年仅 42 岁。由于当时天气炎热，最初将焦裕禄的遗体安葬在郑州市烈士陵园。1966 年，河南省委、省政府根据焦裕禄生前的“活着我没有把沙丘治好，死后也要把我埋在兰考的沙丘上，看着兰考人民把沙丘治好”的遗愿及兰考人民的迫切要求，于 2 月 26 日用专列将焦裕禄的遗体从郑州运回兰考安葬在县城北的一个大沙丘上，现在陵墓经过两次重修已经初具规模。

最后，请大家再到焦裕禄纪念馆参观。焦裕禄纪念园自兴建以来，一直受到党和国家领导人以及社会各界人士的关心和支持。1993 年，为了迎接“纪念焦裕禄同志逝世三十周年纪念活动”，兰考县委、县政府在各级领导的大力支持下修建了焦裕禄纪念馆新馆。该纪念馆是一座现代化建筑，也是目前河南省最大的个人革命烈士纪念馆。纪念馆内陈列焦裕禄的遗物 89 件，版面、照片 200 余幅，生动地展示了焦裕禄同志全心全意为人民服务，鞠躬尽瘁，死而后已，平凡而伟大的一生。

纪念馆落成于 1994 年 5 月 14 日（焦裕禄逝世三十周年纪念日），胡锦涛同志曾为纪念馆开馆剪彩及为焦裕禄铜像揭幕。焦裕禄铜像为铜铅合金，铜像高 1.5 米、宽 1.2 米、重约 600 公斤。像座上的“焦裕禄” 3 个字，是邓小平 1990 年为大型纪实文学作品《焦裕禄》题写的书名。铜像后面红色幕布上镶嵌着江泽民同志的题词:“向焦裕禄同志学习，全心全意为人民服务。”

目前，纪念园已成为全国各族人民学习焦裕禄精神，进行爱国主义教育、红色教育的重要阵地，在新时期、新阶段正在发挥着更大的育人作用，焕发更加璀璨的光芒。

好了，朋友们，我们的焦裕禄纪念园讲解就到此结束，感谢各位的支持和配合。现在给大家留出 30 分钟的时间自由参观、拍照留念。请大家保管好自己的随身物品，不要走散。半小时后还在此集合。

第十一节　河南黄河小浪底风景区

黄河小浪底风景区（沿途讲解）

各位游客朋友，大家好！远道而来，一路辛苦了！我是大家此次黄河小浪底风景区之行的导游员小王，很高兴能够陪同大家一起游览小浪底。首先请允许我代表我们河南大自然旅行社的全体员工对大家的到来表示热烈的欢迎。坐在我身后的这位是我们的安全大使刘师傅，本次的小浪底之行将由我和刘师傅竭诚为大家服务。在旅游过程中，大家对我们的服务有什么意见或要求请尽管提出来，我们都会尽心尽力去解决。在此，预祝大家游得尽兴、玩得开心。

接下来我把咱们今天的行程先向大家简要介绍一下，现在我们所处的位置是郑州火车站，从郑州出发走连霍高速，大约两个小时后，就到达了今天的目的地——黄河小浪底风景区。今天，我们将要游览的是小浪底大坝、大峪湾、明珠岛和黄河三峡。中午在小浪底大酒店就餐，下午5点开始返回郑州。

我们的旅游车已经缓缓驶出郑州火车站，透过车窗，我们看到的这座双星并联式的高塔就是八九十年代郑州标志性建筑——“二七”纪念塔，它是为了纪念1923年京汉铁路大罢工和在罢工中牺牲的革命烈士而建造的。周围这一带就是郑州著名的商业圈——“二七”广场，早在上个世纪90年代，以郑州亚细亚为代表的各路商家在这里逐鹿中原，演绎了一场轰动全国的商战。郑州商业发达，素有“商城”之称。同时它也是一座古城，传承了3 600年的古老文明，2004年被中国古都协会确认为中国第八大古都。

不知不觉中，我们的旅游车已经驶入洛阳境内，接下来我简单介绍下洛阳。洛阳位于河南省的西部，因地处洛水之阳而得名，是河南第二大城市。黄河是中华民族的摇篮，洛阳则是这个摇篮的中心。历年的考古发掘和大量翔实的历史文献证明先后有夏、商、西周、东周、东汉、魏、西晋、北魏、隋、唐、后梁、后唐、后晋13个朝代在此立国，时间长达1 500多年。此外，又有8个朝代将其作为陪都。所以，洛阳是八大古都中建都年代最早、朝代最多、时间最长的天下名都。由于洛阳长期作为全国政治、经济、文化、科技、交通中心，所以历史上的许多重大事件都发生在这里，历史上的许多重要人物也都长期活动在这里。因此史学家司马光有云：“若问古今兴废事，请君只看洛阳城。”

古代多少荣辱兴废之事都已湮没在了历史的长河之中，也埋藏在了洛阳厚重的黄土层之中。仅洛阳出土的碑刻墓志就有4万多块，有学者说仅这些碑刻墓志就可以建成一座世界独一无二的中国艺术馆。曾经轰动考古界的东周天子驾六车马坑，现已建成天子驾六车马坑博物馆。而北邙山上的古墓博物馆则是世界上唯一一个以古墓葬文化为主题的博物馆。在洛阳许多地方都不能随便向下取土，因为随便一挖就可能挖到宝贝。洛阳出土的数不清的文物和我们脚下的这方水土融合在一起，使得脚下的这方水土显得更为深沉与厚重。

游客朋友们，我们的车已经进入了孟津。孟津历史悠久，文化积存丰厚。著名的历史遗迹有：河图之源的龙马负图寺、一园翠柏的汉光武帝刘秀的园陵、周武王会集八百诸侯灭纣的会盟台等。这些遗迹无不展示着河洛文化的博大精深。

朋友们，游览小浪底，不能不提黄河。黄河是中华民族的母亲河，同时又是一条灾难河。在中国有史可载的 3 000 年里，黄河中下游决口泛滥达 1 600 次，大的改道达 26 次，吞噬了无数的生命财产，留下了无数的悲惨凄凉的故事。新中国成立后，党和政府便立即着手治理黄河工作，发出了“要把黄河的事情办好”的号召，而小浪底水利枢纽工程就是我国治黄史上的丰碑！

小浪底水利枢纽工程地跨洛阳、三门峡、济源三市，总面积 1 262 平方公里，由小浪底大坝、荆紫山、八里峡、三门峡大坝 4 个片区、13 个景区、113 个景点组成，是黄河干流三门峡以下唯一能够取得较大库容的控制性工程，既可较好地控制黄河洪水，又可利用其淤沙库容拦截泥沙，进行调水调沙运用，减缓下游河床的淤积抬高。

小浪底工程 1991 年 9 月开始前期工程建设，1994 年 9 月主体工程开工，1997 年截流，2000 年 1 月首台机组并网发电，2001 年主体工程全面完工，前后历时10年。工程完成后，取得了工程提前、投资节约、质量优良的好成绩，并被世界银行誉为该行与发展中国家合作的项目的典范，在国际国内都赢得广泛赞誉。

不知不觉间，我们已经到达小浪底库区停车场，请大家记住我们的停车位置、车牌号和我的手机号。另外提醒大家观景不走路，走路不观景，一定要注意安全。好了，现在请您随我下车一起去感受“世纪工程”的宏伟和“黄河明珠”的独特！

黄河小浪底风景区（景点讲解）

游客朋友们，黄河小浪底水利枢纽工程是小浪底景区内最具特色的风景线之一。现在我们所处的位置就是位于洛阳市以北 40 公里处的黄河小浪底大坝区。小浪底大坝区是一个以小浪底工程为依托，以山、林、水、草为特色的大型生态园林，素有“世纪工程，黄河明珠”之称。小浪底工程建设历时 10 年，累计填土石 11 183 万立方米，如果筑 1 条高 1 米，宽 1 米的土石方，可以绕地球赤道 2.8 圈。在建设和设计中，小浪底工程曾创下了 3 项世界纪录和 5 项国内纪录。相信大家已经看到了大坝上“小浪底”3 个标志性的大字了。这 3 个字每个都是 46m × 64m 见方，可谓世界上少有的大手笔了。

好了，现在我们已经站在顶宽 15 米、高 154 米的坝顶了，小浪底工程在这里便可一览无余。小浪底大坝不仅是中国治黄史上的丰碑，而且是世界水利工程史上最具有挑战性的杰作。我们刚才介绍过，小浪底水利枢纽工程主要是防洪、防凌、减淤，兼顾灌溉和发电。小浪底的地下发电厂房是由 6 台 30 万千瓦混流式发电机组成，总装机容量为 180 万千瓦，年发电量 51 亿度，节约了大量的煤炭资源。北部这边的进水塔，由 19 个进水口组成，分 4 层排列，与背靠的山体融为一体，其中大小洞室多达 110 个。像这样，在一个山体存在上下重叠、纵横交错的蜂窝状洞群在世界上都堪称奇迹。

现在我们所在的是工程纪念区，也是坝后保护区参观的最后一个景区。它由纪念广场、花架长廊、观光大道等组成。现在大家看到的是《建设之歌》雕塑广场。广场呈椭圆形，长 73 米，宽 57 米。广场中设立了一座主体雕塑，高约 21 米。这三根柱子意为“三足鼎立”，其含义代表业主方（水利部小浪底建管局）、设计方（黄委会设计院）、施工方（外国承包和中国水电建设者），三方共同承担小浪底水利枢纽工程建设。中间的石头表明小浪底枢纽是以土石建筑为主的工程。

建成后的小浪底，最高运行水位 275 米，总库容 126 亿立方米，可控制流域面积 69.4 万平方公里，占黄河流域总面积的 92% 以上，控制黄河输沙量的 100%，使黄河下游的防洪标准由 60 年一遇提高到千年一遇。而每年 6、7 月小浪底调水调沙期间，高压水流从大坝的多个闸口同时喷射而出，形成高 200 多米、长 500 多米的巨大水体抛物线，滚滚洪流，白浪滔天，可以使景区的温度低 10℃左右，这在盛夏，正是消夏的好地方。

接下来，就请朋友们上船游览。请大家往我手指的方向看，离我们越来越近的就是大峪湾了。大峪湾是距小浪底大坝最近的水上游乐度假区。现在我们看到的这个半岛便是明珠岛了。明珠岛因黄河在此转向，形成一个伸入水中的半岛，南岸九道山岭围挟，势如九龙戏珠而得名。这里土层深厚、土质优良，适合开发生态旅游。明珠岛古称“关阳”，它三面环水，地处河道要冲，自古就是兵家必争之地。南岸盐仓村，发现了西汉仓储遗址，有方形柱基石共 13 行 68 排，汉代瓦当上留有“关”字，证明这就是汉代的“水上函谷关”。

乘船游小浪底，可以直达“黄河三峡”，即孤山峡、八里峡、龙凤峡。那里是小浪底水面最狭窄的地段，也是小浪底旅游最精彩的地方。现在我们的船正在前往黄河三峡的途中。黄河三峡是小浪底和王屋山所孕育的精华，是整个小浪底风景区的精华部分，曾有这样一句诗来形容黄河三峡的美，那就是“人生得意须畅游，不到三峡不黄河”。

好，各位朋友，现在我们的游船所到的位置，就是黄河三峡的第一个峡谷——八里峡。八里峡又叫八里胡同，素有“八里坪、八里川、八里山”的说法，它是黄河中下游最壮观的部分，也是黄河中下游最狭窄的地方，所以又被称为“万里黄河第一峡”，是小浪底大坝的最早遗址所在之处。在我们右前方的山头有一座小山峰，酷似原始人的头像，被我们称为鲧像。鲧是大禹的父亲，他受舜的委派治理水患，用堵的办法历时九年而宣告失败。他的儿子禹吸取他的失败教训，转而用疏导的办法治水获得了成功，我们常说的“堵不如疏”就来源于这里。

朋友们，现在我们看到的是孤山峡。河面顺山势而行，因两侧山岩突然陡立，形成峡谷，河面也便骤然紧缩。高峡平湖，清波荡漾，宛如仙境。

好，朋友们，乘船参观完八里峡、孤山峡、龙凤峡后，接下来是自由参观时间，大家可以欣赏两岸的风光，也可以体会船游黄河的浪漫。由于时间的关系，小浪底之行的讲解到这里就暂告一段落了。谢谢大家的支持！

第十二节　济源王屋山景区

王屋山景区（沿途讲解）

亲爱的游客朋友们，大家好！在河南西北部，有这么一处绝妙之地，绵延的太行山在这里戛然而止，雄壮豪迈的万里黄河从这里蜿蜒穿过，提起它的名字，很多人都会想到“愚公移山”的故事。没错，它便是享誉中外的世界地质公园——王屋山。今天将由我陪同大家一起参观游览王屋山。首先我先自我介绍一下，我是大家此次济源王屋山之旅的导游小王，坐在我身后的这位是我们的安全大使李师傅，大家此次的济源王屋山之旅将由我和李师傅竭诚为大家服务。最后预祝各位旅途愉快！

我们现在的位置是济源市中心广场，今天的行程是这样为大家安排的：上午参观王屋山著名的道教三宫，下午参观王屋山主峰天坛峰。之后返回郑州市区。王屋山位于济源市西北 40 公里处，行车约 1 个小时，借此机会我先给大家简单介绍下济源。

济源市位于河南省西北部，因济水发源地而得名，是传说中愚公的故乡。北依太行，西踞王屋，南临黄河，东接华北平原，全市人口 68 万，是河南省 18 个省辖市之一。曾先后荣获“中国优秀旅游城市”“国家卫生城市”“全国篮球城市”等荣誉称号。济源自然风光旖旎，历史文化厚重。乾隆帝称誉济源“名山胜迹”，白居易盛赞“济源山水好”。济源的世界地质公园、道教十大洞天之首王屋山，山势巍峨，雄、奇、险、秀、幽一体兼备。愚公移山、黄帝祭天等传说均发祥于此。李白在此留下唯一传世真迹《上阳台帖》，唐玄宗胞妹玉真公主在此悟道修真。举世瞩目的小浪底水利枢纽工程，将古老的黄河文化与现代文明相结合，构成了高峡平湖、碧波荡漾、港湾交错、山水相融的大黄河风景。五龙口素有“十里画廊”之称，还有观赏价值极高的太行猕猴和内陆水温最高的医用地热矿泉。“北方岛国”黄河三峡、茶道之源九里沟、女娲之乡小沟背、祭水圣地济渎庙等景区各有特色。

济源是中原经济区的新兴中心城市，正在依托以王屋山为龙头的山岳生态文化旅游带和以小浪底为龙头的黄河观光休闲娱乐旅游带，把济源市整个市域作为一个景区来打造，走“全景市域”的新型旅游发展之路，大力发展思根寻道、文化体验、亲水游乐、峡谷观光、温泉养生等旅游产业。

说话间，我们所要参观的旅游目的地马上就要到了，接下来我简单介绍下王屋山的有关情况。

王屋山风景名胜区，总面积265平方公里。主峰天坛峰，一山突起，群峰环绕，独具“王者风范”，据中国最早的地理志《禹贡》记载，“以其山形若王者之屋”，故称王屋山。

王屋山是一处以道教文化为特色的道教圣地。道教文化在中华民族的漫漫历史长河中根深蒂固，唐著名高道司马承祯在其所著的《上清天宫地府经》中把天下名山分为十大洞天、三十六小洞天、七十二福地，其中王屋山被列为“天下第一洞天”，号“小有清虚之天”，奠定了王屋山洞天福地之宗的地位，成为全国道教活动中心。

千百年来，王屋山不仅是道家人物修身、炼丹、成仙之所，还吸引了许多文人墨客来此寻幽探胜，陶冶情操。李白在《寄王屋山人孟大融》中写道：“愿随夫子天坛上，闲与仙人扫落花。”王维在《送张道士归山》中说：“先生何处去，王屋访茅君。”刘禹锡在《奉送家兄归隐王屋》中写道：“阳落天坛上，依稀似玉京。”

好了游客朋友们，王屋山景区停车场已经到了，请大家记住我们的停车位置、车牌号和我的手机号，带上您的随身物品随我一起下车参观游览。

王屋山（景点讲解）

游客朋友们，我们现在来到的是王屋山景区著名景点——“道教三宫”的阳台宫。阳台宫是唐朝著名道士司马承祯奉唐玄宗之命在王屋山自选形胜、建观而居的地方。阳台宫落成后，唐玄宗御笔亲题匾额“寥阳殿”。

阳台宫坐北朝南，依山而建，整体布局依中轴线依次为山门、三清殿、玉皇阁、长生殿（遗址），两侧有东西廊房、西王母殿等。现有建筑8座35间，均为明代正德年间重修建筑。阳台宫的主体建筑——三清大殿为河南省现存最大的明代单檐歇山式木构建筑，面阔五间，进深四间。整个大殿外雄内秀，殿内有30根方形石柱，通身浮雕云龙、丹凤、瑞禽、祥兽及神仙、世俗故事，形象优美，栩栩如生。殿内供奉道教的三尊最高尊神，居中的就是元始天尊。三尊神像与他们手中的物什，合起来就是一个道教的宇宙图示。

玉皇阁俗称三棚阁，是三重檐楼阁式建筑，为明万历二十四年（1596）所建，面阔三间（10.95米），进深三间（7.68米），阁体由8根高11米的通天木柱支撑，是河南省目前最高大的明代歇山式楼阁建筑。四周20根石柱雕刻着盘龙彩凤、花草虫鱼、道教神话故事，如“田真哭树”“苏武牧羊”“李存孝打虎”等。雕工精湛，形象逼真，为明代石刻艺术精品。这里所供的是玉皇大帝，王屋山是轩辕黄帝祭天和驾迎西王母的地方，自然就成为王屋山道教的主神。

王屋山景区最著名的道教三宫除了刚才我们参观的阳台宫之外，还有迎恩宫和紫微宫。迎恩宫创建于唐初，相传为迎接圣驾朝拜天坛峰而建，宋徽宗游王屋山华盖峰时，曾驻跸于此。现存有山门、财神殿、祖师殿、玉皇殿等。

紫微宫由司马承祯创建于武则天圣历二年（699），历代均有修葺，位于天坛峰南麓的中岩台上。因其在王屋山中所处位置，与紫微星座居北天中央的位置相对应而得名。紫微宫院内有唐、宋、元、明、清各代石碑30余通，其中《坐忘论》唐碑、元代《大朝圣旨碑》堪称国宝。朋友们，现在我们面前的这株银杏树为汉代遗物，有2 000年左右的树龄，是中国五大银杏树之一，素有“植物活化石”之称。搭乘天坛索道，转眼间我们已经来到了王屋山的主峰——天坛峰。天坛峰海拔1 715米，有“天下砥柱”之称，因轩辕黄帝在此设坛祭天而得名，《天坛王屋山胜迹记》中有“黄帝王屋会王母”的记载，从此开创了我们中华民族5 000年的文明历史。置身在这海拔1 700余米的峰顶之上，倘若条件适宜，我们将会欣赏到“天坛云海”“天坛倒影”“天坛日出”“王母仙灯”等天象奇观。

朋友们，王屋山不仅景色优美，而且还是一部记录地球演变历史的地质史书。距今25亿—14亿年的时候，地球早期的地壳演化进入关键时期，从小的陆块开始聚合为超大陆，成为这一时期的重大地质事件。王屋山完整地保存了这些重大地质事件的地学信息，备受地学界关注。从阳台宫—天坛峰—王母洞一线的地层中，我们可以清晰地看到一个反映华北陆块地质构造演变的完整剖面。

距今 18.5 亿— 14.5 亿年，王屋山主峰天坛山以东地区经历了长达 4 亿年的沉积间断。其间，原始的超大陆开始分裂，在华北古大陆南部、天坛山以西发育了一条被称为中条 – 王屋裂谷的三叉裂谷。裂谷内火山活动和沉积作用交替进行，形成了厚度达 7 000 米的火山岩和沉积岩。

以王屋山命名的王屋山运动发生在距今约 14.5 亿年前。覆盖在王屋山地区的小沟背组砾岩，清晰地记录了这次构造运动。小沟背组砾岩是裂谷充填时期形成的河流砾岩。如今，这些未变质的华北陆块上最老的河流砾岩出露在高高的天坛山山顶，像城堡，像祭坛，向人们述说着王屋山的沧桑历史。

好了，人间仙境王屋山的参观到此结束，请大家顺着登山路返回停车场上车。

第十三节　驻马店嵖岈山景区

嵖岈山（沿途讲解）

游客朋友们，大家好！相聚即是缘分！首先我代表我们河南山水旅行社的全体员工对大家的到来表示热烈的欢迎。我是大家此次嵖岈山之行的导游员，大家可以叫我小王或王导。坐在我身后的这位是我们的安全大使李师傅，此次的嵖岈山之行将由我和李师傅竭诚为大家服务，大家对我们的服务有什么意见或要求请尽管提出来，我们会竭尽全力去解决。在此，预祝大家旅途愉快！

今天我们嵖岈山之行的参观路线是这样安排的，由于嵖岈山主景区由蜜蜡山、南山、北山、天磨湖等景点组成，咱们由北门返回，全程约 10 公里，大约需要五个半小时。

我们现在所处的位置是驻马店市中心广场，从驻马店市区出发到嵖岈山景区约 48 公里，行车约 1 个小时，借此机会我简单介绍下驻马店的有关情况。

驻马店位于河南省中南部，地处淮河上游的丘陵平原地区，因历史上南来北往的信使、官宦在此驻驿歇马而得名。驻马店是华夏文明的重要发祥地之一，是中华民族的始祖盘古创世纪活动的核心区域，是轩辕黄帝的夫人嫘祖的故乡，是战国时期闻名天下的兵器制造中心。秦丞相李斯、《盐铁论》的作者桓宽、志怪志异小说家干宝、伟大的无神论者范缜、著名抗日民族英雄杨靖宇等一大批历史名人诞生或长期生活于此。这里是盘古文化、车舆文化和冶铁铸剑文化的发祥地。同时驻马店还是一片红色的沃土，享有“小延安”之称的确山县竹沟镇曾是中共中央中原局和河南省委所在地，刘少奇、李先念等老一辈革命家在这里战斗、生活过，其旧址至今保存完好。

驻马店还是国家和河南省重要的粮油生产基地，素有“中原粮仓”“豫南油库”和“芝麻王国”之称。黄埠巨型丝瓜、泌阳花菇、小磨香油、十三香、老鳖一特醋、棠溪宝剑、正阳花生、王勿桥陈醋、“白云翁”毛笔等都是驻马店的著名特产，享誉海内外。

好了，游客朋友们，我们的车已经驶入驻马店遂平县境内。遂平县历史源远流长，可追溯到西周时期，古称房子国；到北魏年间又改称为遂宁县；公元 817 年，唐朝李愬平吴元济叛乱有功，唐宪宗大赦天下又把遂宁县更名为遂平县，至今沿用。抗日战争时期，刘少奇、李先念等老一辈革命家曾在龙天沟及李兴楼居住和战斗过。现在景区内还保存有当年新四军生活和训练的房屋等旧址。中国第一个人民公社——嵖岈山卫星人民公社，见证了国家发展历史，保留了当时人民群众所遗留的生活、生产工具，建成了国家公社博物馆。

我们今天要参观的嵖岈山旅游景区地处遂平县境内，总面积 148 平方公里，主景区面积50平方公里。景区系伏牛山东缘余脉，山势嵯峨，怪石林立，人文史迹星罗棋布，自然景观不胜枚举，有九大奇观、九大名峰、九大名洞、九大名棚、九大奇石，各类景点 300 多处，著名景点 60 多处。嵖岈山与西游记文化有着极大的渊源，被誉为“中原盆景”，山上各种象形石惟妙惟肖，艺术观赏价值很高。嵖岈山天磨湖是电视剧《西游记》续集的重要拍摄地之一。

游客朋友们，说话间我们的目的地嵖岈山景区已经到了，请大家带好随身物品随我一同参观游览！

嵖岈山（景区讲解）

各位游客，现在我们所看到的这条长长的土岭，是嵖岈山的古寨墙——南寨墙遗址。它是嵖岈山古代军事山城——壁坞的外寨墙，是明末清初当地乡绅、土豪惧怕捻军向村民派粮、派款，费时 3 年而建的城墙式寨墙。寨墙多采用外部砌石、内部夯土的建筑结构，通高 2 丈，宽 1 丈 5。抗日战争时期，山寨内有近 6 万人在此避难。新中国成立后在大生产和破四旧中，嵖岈山外寨墙几乎完全被毁，现在我们只能看到以夯土层为主的寨墙遗址。

大家注意看，我们面前这座雕像就是嵖岈大仙，是传说中嵖岈山的造山之神。相传很久很久以前，这里是一望无际的平原，风调雨顺，五谷丰登，百姓安居乐业。有一年这里陡降暴雨，数日不停，洪水泛滥，黎民百姓危在旦夕，这时嵖岈大仙施展法术，把王母娘娘后花园里的一座仙山的石头一块一块地扔下来，救了水中的百姓。而他扔下的石头，就堆积成了现在我们看到的嵖岈山。

当然，嵖岈大仙造山只是一个传说，至于嵖岈山究竟是怎样形成的，我们应从地质学的意义上去解释。嵖岈山主体主要是由距今 1.39 亿—1.23 亿年的燕山期岩浆侵入冷凝后形成的花岗岩山体。山体经过亿万年的风化剥蚀和造山运动形成众多奇峰异石和怪洞。嵖岈是形容词，形容山势怪异、美丽，嵖是堆积磊落，岈是犬牙交错、参差不齐。

大家请往对面看，这座石奇壁峭、绝崖耸峙、陡不可攀的山峰就是蜜蜡峰。它是一块完整的石体，海拔 400 多米，在全国也绝无仅有。由于地壳构造运动，形成北东向的嵖岈山张扭性断裂与东西向的蜜蜡峰断裂，而蜜蜡峰恰恰处在两断裂交汇处的上升盘部位。新生代的地壳构造运动，使嵖岈山断裂的北盘和蜜蜡峰断裂的东盘不断地相对下降，而处在两断裂交汇部位的上升盘不断地相对上升，加之花岗岩体的长期球状风化，最终形成高耸挺拔、陡不可攀的圆柱形山峰。巅峰之背阴处，每逢雨季，常有风化裂隙水沿裂隙呈线状流下，恰似蜂蜜涂壁，故名蜜蜡峰。

游客朋友们，我们现在已经来到了嵖岈山的九大名洞之一的万人洞，因洞中能容纳万人而得名。明末李自成曾在此洞藏兵。抗日战争期间，有近万人在洞中躲避日军的炮火，是一个天然的防空洞。1982 年景区开发，从洞中发掘出六耳铁锅和铁鏊等文物，经专家鉴定，确实是明末时期军中的炊具。

万人洞分上中下三层，现已开发上层的 316 米。洞中棚洞相连，洞中有洞，暗河肆流，犹如迷宫，其究竟有多长、多深，现还没探明，有待进一步的开发。万人洞也是嵖岈山唯一开发的岩洞景观，现在我们一起步入洞中，看一下嵖岈山的内部构造，体验花岗岩洞穴的神奇，探秘天然的防空洞。洞口黑风洞是电视剧《西游记》的外景拍摄地。电视剧《西游记》中的黑风洞便是此洞。中央电视台《西游记》剧组导演杨洁来嵖岈山一眼就看中了这个黑风洞，并说："我们就在此拍一段孙悟空大战黑熊精吧。" 如果各位能再看一遍《西游记》电视剧，就一定能看到这个洞。

游客朋友们，刚才我们看了生长在崖壁间 600 年之久的野榔榆。经过飞来石、一线天、吴公洞，现在我们来到的是嵖岈山南山景区的核心景观——

石猴院。

大家请看，石猴院北侧有一条很深的峡谷，也就是嵖岈山南北山的分界线，这就是石猴院断裂带。大家眼前的这尊猴石是全世界迄今所发现的最大、最逼真的石猴。左侧的这对母子石，是花岗岩在节理控制下进行球状风化，后因风化空隙越来越宽，直至周围岩块失稳而崩塌。较稳定的岩块儿为大石猴，沿垂向节理下滑的是小石猴，两者组合起来，似母子相依状，故称母子石。

好了，游客朋友们，关于嵖岈山南山的参观就到此结束，下面给大家留下自由参观的时间，我们下午 2 点在吊桥下集合继续前往北山参观。谢谢！

第十四节　淮阳太昊伏羲陵景区

太昊伏羲陵景区（沿途讲解）

亲爱的游客朋友们，大家好！今天将由我陪同大家一起参观、游览淮阳太昊伏羲陵景区。首先自我介绍一下，我是大家此次羲皇故都之行的导游小王，坐在我身后的这位是我们的安全大使李师傅，此次的羲皇故都之行将由我和李师傅竭诚为大家服务，最后预祝各位旅途愉快！

我们现在的位置是周口市中心广场。今天的行程是这样为大家安排的：上午参观太昊伏羲陵景区，下午我们一起泛舟龙湖之上游览龙湖，之后返回郑州市区。从周口市中心到太昊伏羲陵景区还有大约 30 分钟的车程，借此机会我先给大家简单介绍下周口和淮阳的基本概况。

周口市位于河南省东南部，地处沙河、颍河、贾鲁河交汇处。东临安徽省阜阳市，西接河南漯河市、许昌市，南与驻马店市相连，北与开封、商丘市接壤。周口是伏羲故都、老子故里，有“华夏先驱、九州圣迹”的美誉。历史上的周口多以淮阳为中心建制，原政治、经济、文化中心在淮阳。

淮阳古为宛丘，是太昊伏羲建都之地。西周时期，周武王把舜的后代妫满封于陈国，陈国老百姓纷纷以国名为姓。今天不管你来自哪里，追根溯源，陈姓的祖根是在河南淮阳，淮阳是百家姓中陈姓的发祥地，妫满陈胡公是陈姓的血缘始祖。淮阳城南小岛上的陈胡公祠，已经成为天下陈氏寻根谒祖的圣地。陈国在西汉时改为淮阳郡，北周以及后来的唐、宋时期又被称为陈州，当年包拯下陈州赈灾放粮怒斩发国难财的国舅，使得包拯成了包青天，陈州也成了妇孺皆知、无人不晓的一个名胜地。

朋友们，透过车窗，我们现在所看到的这一片碧波荡漾的水域就是万亩龙湖景区了，因淮阳被称为龙都而得名龙湖。湖区面积11平方公里，俗称万亩龙湖，是中国内陆最大的环城湖。湖区古迹有陈胡公墓、司城贞子阁、弦歌台、画卦台。是一个集自然风光、人文景观、休闲娱乐为一体的风景名胜区。

朋友们，经过万亩龙湖后我们马上就进入太昊伏羲陵景区了，刚才有朋友问我路边有许多卖那种形状很像小狗的玩具叫什么名字。它在我们当地叫泥泥狗，是豫东淮阳一带流行的一种用黄胶泥捏制出来的泥玩具，上面有个小孔，能吹出鸟叫一样的声音。但是，没人能说清楚这种造型古朴奇拙、色彩艳而不俗的泥玩具是什么时候从哪个朝代传下来的，比较多的一种说法是：泥泥狗源于对伏羲、女娲抟土造人育万物的纪念。有很多迹象表明，伏羲很可能把"狗"作为本氏族的原始图腾崇拜过，所以淮阳人用泥泥狗来表达对人祖伏羲的尊敬。只是如今这泥泥狗玩具中的"狗"形，完全是一副憨态可掬的模样，已经没有了图腾的神圣和祖先的庄严。但是它仍然悄悄地把许多原始民俗中古老图腾形象的原型符号承继了下来，并约定俗成地代代流传着。这正是"泥泥狗"具有"活化石"意义的重要原因。淮阳城东，方圆几十里，有十几个村庄、成百上千的民间艺人在从事泥泥狗的制作。

好了朋友们，太昊伏羲陵景区已经到了，请大家随我一起参观、游览。

太昊伏羲陵景区（景点讲解）

朋友们，大家好！我们现在来到的是太昊伏羲氏的长眠之地——太昊伏羲陵景区。太昊伏羲陵景区位于周口市淮阳县，是国家级重点文物保护单位，中国十八名陵之一。

相传6 500年前，伏羲氏带领他的部落从甘肃天水沿黄河东下，在淮阳龙湖岸边"择水而居"，建都立业，他画八卦，定姓氏，结网罟，养牲畜，制礼仪，定嫁娶，实现了中华民族的第一次大融合，燃起了人类文明的第一缕曙光。位于淮阳县城东南的平粮台古城遗址相传就是伏羲氏的建都之地——古宛丘都城所在地。伏羲所处的时代是人类从母系氏族社会向父系氏族社会的过渡时期，比炎黄二帝还要早1 500多年，是名副其实的人文始祖、三皇之首、百王之先，所以太昊伏羲陵也被考古学界誉为"天下第一陵"。

我们现在来到的是太昊陵的第一道大门——午朝门，俗称"午门"。此门建于明代，通高10.35米，单檐歇山顶，面阔3间，红门金钉，属帝王规制。

太昊陵最早建于何时，今天已无从考起，根据《陈州府志》记载，这里春秋时就有了伏羲陵墓。当年孔子来陈国讲学，陈灵公曾陪同孔子来伏羲陵瞻仰过。汉代时伏羲陵建了祠，唐宋时期陵庙不断扩建；尤其是到北宋开宝年间，再诏立陵庙，增守陵户。此后有了固定的供御时间，在周围也形成了一年一度的古庙会。太昊伏羲陵现存建筑是明太祖朱元璋颁诏建造的，后经明、清多次重建和扩建，逐渐形成今天的规模。太昊陵以伏羲先天八卦的数理兴建，整个陵庙分为内城、外城、紫禁城 3 道皇城，总占地面积 875 亩。建筑布局是以陵墓为中心，中轴线上由南向北的建筑主要有：午朝门、玉带桥、道仪门、先天门、太极门、统天殿、显仁殿、太始门等。如果把中轴线上所有的大门层层打开，从刚才我们走过的午朝门一直可以看到伏羲陵墓，所以人们称它为“十门相照”。

朋友们，走过了道仪门、先天门、太极门中心广场，现在我们来到了祭拜人祖伏羲的主要殿堂——统天殿，又称“大殿”。这座殿堂是中国乃至世界仅有的一座能称之为“统天”的大殿，这里供奉着人祖伏羲的金身塑像。旁边的这副对联“炎黄尧舜禹汤文武周孔老庄无不追宗人文始祖；帝王将相三教九流诸子百家唯有羲皇谁敢统天”非常形象地道出了人们对伏羲的敬仰之情。1997 年 6 月 26 日，当时任国务院副总理的朱镕基参观太昊陵后，为太昊陵题写了“羲皇故都”4 个大字。而这副“宝笈渊源，名迹久传”的题额则是乾隆皇帝的御笔。好，请各位随我到大殿内参观。

现在我们所看到的人祖伏羲是根据宋代保留下来的铜像塑建的，人祖伏羲头生双角，肩披树叶，腰系虎皮，手托八卦，赤脚袒腹。我们从他的着装可以看出，当时的人类社会还处于原始时期，伏羲氏是由母系氏族向父系氏族过渡时期的一个代表人物。伏羲两边站立的侍从，左边的叫朱襄，右边的叫昊英，传说一个管天，一个管地，也就是伏羲所任命的两个官，一个飞龙氏，一个潜龙氏。大家请随我来看一组青石浮雕——伏羲圣迹图，它生动形象地展示了伏羲一生的丰功伟绩和对华夏民族文化的巨大贡献。

朋友们，通过显仁殿、太始门，我们现在来到了太昊伏羲陵墓。它的形状是上圆下方，意思就是天圆地方。这也是我们“淮阳八景”之一，称为“羲陵岳峙”。这个园子叫蓍草园，传说伏羲就是根据白龟龟背图案，采来蓍草“揲蓍画卦”，创下了先天八卦，所以被称为“神蓍”。据说全国只有 3 处地方生长这种草：一处为山东曲阜，一处为山西晋祠，再就是太昊陵了。因为这种草稀有，历代帝王每当春秋二季派人前去朝拜人祖，返京复命时都必须带回一束蓍草作为到了太昊陵的信物。

人文始祖祭祀活动绵延千年历久不衰，每年的农历二月初二到三月初三，世界各地几百万人涌向淮阳县太昊陵庙朝圣伏羲。农历每月初一、十五，均有盛大祭祀活动。特别是每年二月初二这天，羲皇子孙聚集在统天殿前，6时59分公祭大典正式开始。太昊伏羲祭典不仅是海内外同胞寻根祭祖的途径之一，更对于增强中华民族的凝聚力、构建和谐社会，起到了积极的促进作用。2006年6月，“太昊伏羲祭典”被国务院公布进入第一批国家非物质文化遗产保护名录。

游客朋友们，太昊伏羲陵景区的讲解到此结束，给大家30分钟的自由参观时间，30分钟后我们在大门口集合。谢谢！

第七章 知识问答题

第一节 景区知识问答题

河南嵩山少林寺景区

1. 少林寺景区主要由哪些景点组成？

答：少林寺景区由少林寺常住院、塔林、初祖庵、达摩洞、少林武术馆等主要旅游景点组成。

2. 少林寺常住院主要由哪七进建筑组成？

答：少林寺常住院为七进建筑，包括山门、天王殿、大雄宝殿、藏经阁、方丈室、立雪亭、千佛殿（又叫毗卢阁、西方圣人殿）。

3. 嵩山地区的汉三阙是哪三阙？

答：太室阙、少室阙、启母阙。

4. 嵩阳书院是什么学说的发源地之一？与它并称“中国四大书院”的另外三个书院名称是什么？

答：宋代理学。应天书院、岳麓书院、白鹿洞书院。

5. 少林寺大雄宝殿供奉哪三尊佛？

答：殿内供奉有三尊主佛像，正中为娑婆世界的释迦牟尼佛，左为东方净琉璃世界的药师佛，右为西方极乐世界的阿弥陀佛。

6. 少林寺始建于何时？因何而得名？

答：少林寺始建于北魏太和十九年（495），原是魏孝文帝为安顿印度僧人跋陀而建的一座寺院。因为此寺建在嵩山少室山的密林之中，故名为“少林寺”。

7. 少林寺为什么被称为“禅宗祖庭”？

答：北魏孝昌三年（527），释迦牟尼的第二十八代佛徒菩提达摩东渡来华，跋山涉水，历时 3 年，到达少林寺。在少室山一个天然石洞中面壁 9 年，首传禅宗。因此，少林寺被中国佛教界尊为“禅宗祖庭”，少林寺也在此基础上迅速发展，得以壮大。

8. 少林寺大雄宝殿与其他寺院大雄宝殿的不同之处是什么？

答：三世佛左右塑有两尊站像，分别是达摩祖师和具有高超武功的少林护法神紧那罗王。一位代表“禅”，一位代表“武”。

9. 简介《皇唐嵩岳少林寺碑》。

答：俗称《李世民碑》。刻立于唐玄宗开元十六年（728）。碑正面是李世民告谕少林寺上座寺主等人，表彰少林寺助秦王平定王世充的战功。右起第五行有李世民告谕草签的“世民”二字。碑额“太宗文皇帝御书”七个大字系唐玄宗李隆基御书。我国历代石碑均是先撰额后作碑文，而唯有此碑是由唐太宗李世民撰文而由他的孙子唐玄宗李隆基撰额。背面刻的是李世民《赐少林寺柏谷庄御书碑记》，记述了十三和尚救秦王的故事。这些碑刻是《少林寺》电影拍摄的历史依据。

10. 少林寺塔林是什么？

答：是历代少林高僧安息的墓地。

洛阳龙门石窟景区

1. 被称为中国三大佛教石刻艺术宝库的是什么？

答：洛阳龙门石窟、敦煌莫高窟、大同云冈石窟。

2. 龙门石窟中万佛洞的由来及开凿时间？

答：万佛洞顾名思义，因在洞内窟壁上雕刻有 15 000 尊 4 厘米的小佛像而得名。开凿于大唐永隆元年，即公元 680 年。

3. 龙门石窟开凿的时间是什么时候？

答：始建于北魏太和年间，以后历经东魏、西魏、北齐、北周、隋唐、五代延至北宋，前后 400 多年。

4. 龙门石窟开凿最早的洞窟是哪个洞窟？

答：龙门石窟开凿最早的洞窟是古阳洞。

5. 龙门石窟最大的造像是什么？

答：奉先寺的卢舍那大佛。

6. 请分别列举北魏时期、唐代的代表性洞窟。

答：北魏时期的洞窟具有代表性的是古阳洞、宾阳中洞、莲花洞等。唐代具有代表性的洞窟有潜溪寺、宾阳北洞、万佛洞、奉先寺等。

7. 请简介潜溪寺。

答：潜溪寺洞高、宽均为 9 米多，进深近 7 米，建于唐代初期，距今有 1 300 多年的历史，因在凿洞时地下有源源不断流出的溪流而得名。洞内所供主像为阿弥陀佛。

8. 什么是“龙门二十品”？

答：“龙门二十品”代表了魏碑体，字形端正大方，气势刚健有力，结体用笔在隶、楷之间，是隶书向楷书过渡中一种比较成熟的独特字体。有十九品在古阳洞内。

9. 宾阳中洞的特点是什么？

答：宾阳中洞是一座三世佛龛。北魏由于受《法华经》影响较大，除了信仰释迦、多宝外，还信仰三世佛。在龙门石窟仅此一例。

10. 请简介奉先寺。

答：奉先寺是龙门石窟中规模最大、艺术最精、气势最磅礴、最具有代表性的重要洞窟。奉先寺东西深约 40 米，南北宽约 36 米，卢舍那佛（报身佛）左侧的《大卢舍那像龛记》记载为大唐高宗天皇大帝之所建也。佛身通光，高 85 尺，二菩萨高 70 尺，迦叶、阿难、金刚神王各高 50 尺。

焦作云台山风景名胜区

1. 云台山的地理位置在哪里？它属于哪个山系？

答：位于焦作市修武县境内，距焦作市区 30 公里。太行山系。

2. 云台山有哪些主要的景区？

答：景区面积 190 平方公里，包含红石峡、泉瀑峡、潭瀑峡、子房湖、万善寺、百家岩、茱萸峰、叠彩洞、猕猴谷、青龙峡、峰林峡 11 大景点。

3. 红石峡的崖壁为何是红色？

答：由于岩石中铁质矿物的氧化，加之当时气候条件的变化，经年累月，崖壁便形成了深浅不一的红色。

4. “竹林七贤”指的是谁？他们隐居在什么地方？

答：指的是嵇康、刘伶、向秀、山涛、王戎、阮籍、阮咸。百家岩。

5. 云台山著名的“四大怀药”指的是什么？

答：怀山药、怀牛膝、怀地黄、怀菊花。

6. 唐代哪位诗人曾登临云台山主峰，并写下了一首诗《九月九日忆山东兄弟》，诗的内容是什么？

答：王维。独在异乡为异客，每逢佳节倍思亲。遥知兄弟登高处，遍插茱萸少一人。

7. 云台山的湖泊景观子房湖因哪个朝代的哪位名人而得名？

答：西汉，张良，字子房。

8. 云台山潭瀑布被誉为亚洲最大落差瀑布，落差是多少？该瀑布是如何形成的？

答：314 米。在泉瀑峡尽头，由于地质历史上这里曾发生剧烈的断裂构造，形成了东西向的“U”形断崖，高度在数百米以上，高大陡峭，雄伟壮观。由于流水和地形的巧妙结合，形成了云台天瀑。

9. 叠彩洞连接了哪两个省？由几个洞组成？

答：河南省、山西省。19 个。

10. 有“三步一泉、五步一瀑、十步一潭”的是云台山哪个景区？

答：潭瀑峡景区，又名小寨沟。

开封清明上河园

1. 请简介清明上河园的主要特点。

答：清明上河园坐落于开封城西北隅，是以《清明上河图》为蓝本，按照图中布局，采用宋代营造法式，结合现代建筑手法，集中再现原图中的风物景观和民俗风情的大型民俗主题公园。

2. 清明上河园的宣传口号是什么？

答：一朝步入画卷，一日梦回千年。

3. 请简述张择端。

答：张择端，字正道，号文友，山东诸城人，生于北宋后期（1085），卒于南宋初年（1145）。年轻时游学京师，擅长绘画，曾任翰林图画院待诏。他的长卷风俗画《清明上河图》，真实地描绘了北宋首都繁华的风貌，原作现存北京故宫博物院。

4. 请简述《清明上河图》的艺术价值。

答：《清明上河图》所画的生活景物几乎无所不包，真实地描绘了北宋东京开封城的繁华景象。在这幅长 525 厘米、宽 25.5 厘米的画卷上，有各种人物 684 个、牲畜 96 头、房屋 122 座、舟船 25 艘。

5. 请简述清明上河园的功能分区。

答：依照原图设计，占地面积 40 公顷（600 亩），其中水面 11.4 公顷（171 亩），建筑面积约 3 万平方米。整个清明上河园大体分为南苑、北苑两大景区。南苑展现了忙碌的汴河漕运与宋都众生多彩的市井生活、民俗风情，北苑重现了大宋皇家园林、达官贵族与众不同的休闲和娱乐方式。

6. 虹桥是一座什么桥？始建于哪一年？

答：木质拱桥，1050 年。

7. “上善门”的名字引自哪部经典的哪句话？

答：老子《道德经》上善若水。

8. 北宋时期被称作京城“生命河”的是哪条河流？

答：汴河。

9. 孙羊正店中的“正店”什么意思？

答：店面大、资本雄厚，自己可以造酒、卖酒的店铺，称为正店。

10. 清明上河园每晚上演的大型水上实景剧叫什么？

答：《大宋 · 东京梦华》。

洛阳白云山景区

1. 白云山景区现已开发的景点有哪些？

答：九龙瀑布、玉皇顶、小黄山、原始森林、白云峰五大观光区和高山森林氧吧、高山牡丹园、留侯祠、白云湖、芦花谷五大休闲区。

2. 简述洛阳白云山景区地跨三域的含义。

答：地跨三域是指白云山地处我国南北地理、气候分界线，发源于白云山的伊河、汝河、白河分别注入黄河、淮河、长江，中国独有，世界罕见。

3. 白云山景区的“九龙戏彩虹”是一种什么样的景观？

答：因为在九龙瀑布陡峭的岩壁上天然镶嵌着九条明显的岩纹，状如九龙嬉瀑，故名九龙瀑布。更为奇特的是，瀑布在阳光的照射下，水雾由于光的折射，呈现出道道彩虹，彩虹缠身，人挪虹移，奇妙无比。

4. 白云山最高峰是什么？

答：玉皇顶，海拔 2 212 米，为白云山最高峰。

5. 说说玉皇顶景区的名称由来。

答：因主峰直插天宫、顶如皇冠而得名，是中原地区观赏云海、日出的最佳之地。

6. 白云山被称为“人间仙境”是谁的题词？

答：启功先生。

7. 曾生活于嵩县的代表性历史名人有哪些？

答：中国第一宰相伊尹，宋代理学家程颢、程颐。

8. 白云山哪里的杜鹃林最有特色？

答：玉皇顶的高山杜鹃林，每年5—6月份开放。

9. 白云山水域风光最精彩的部分是哪个观光区？

答：九龙瀑布观光区。

10. 白云山是哪条河流的重要发源地？

答：白河。

永城市芒砀山景区

1. 芒砀山古文化旅游区的位置在哪里？

答：商丘永城。

2. 芒砀山汉文化景区对外开放的景区有哪些？

答：共四大景区：保安山王陵景区、汉兴源景区、夫子山景区、陈胜王陵景区。

3. 保安山王陵景区主要是哪些人的陵墓所在地？

答：即梁孝王王后陵、梁孝王刘武陵、梁共王陵。其中规模最大的是梁孝王王后陵，其规模是北京十三陵定陵的两倍之多。

4. 被中外考古界称为“天下石室第一陵”的是哪个人的陵墓？

答：梁孝王王后陵。

5. 梁孝王王后陵的主要特点有哪些？

答：一是室内有中国最早使用、雕刻精美的石制坐便器，与今日的冲水马桶有异曲同工之妙，但比冲水马桶早2 000多年。二是有贮藏食物的冰窖，相当于现代人用的电冰箱。三是有一线天奇妙景观。站在李王后塑像旁，向东望去，可见一线天，其设计精妙，堪称一绝。四是在梁孝王陵和王后陵之间有一条地下通道，名曰“相思道”，是梁孝王和王后灵魂幽会的通道。可惜的是未及完工，王后就驾鹤西去，留下了千古遗恨。

6. 梁共王是谁？

答：梁孝王刘武的长子梁共王刘买。

7.《四神云气图》彩绘壁画是在哪个陵墓出土的？

答：是在梁共王陵墓地宫出土的。壁画以青龙、白虎、朱雀为主题图案，配以缭绕的云气和绶带穿壁加以装饰，历经 2 000 多年仍色彩艳丽，被专家学者评价为“敦煌壁画前之壁画”“敦煌壁画外之壁画”。

8. 在西汉时期的梁国陵墓群中，梁孝王墓和他的王后墓与普通的汉朝贵族墓葬不同地方有哪些？

答：梁孝王墓和他的王后墓与普通的汉朝贵族墓葬不同，不是用石块砌成，而是以山为陵，是凿石穿山而成的地下宫殿群。属于大型“凿山为室”的石崖墓。

9.《四神运气图》壁画有什么样的寓意？

答：整幅壁画寓意着墓主人乘龙升仙的愿望。

10.《四神运气图》为何被誉为“四最壁画”？

答：篇幅最大、年代最久远、保存最完整、考古艺术价值最高。

安阳殷墟景区

1. 为什么说安阳是中国第一古都？

答：公元前 1300 年，商朝国王盘庚把都城迁于殷（今河南安阳市西的小屯村一带），商王朝的存在正式得到确认，迄今为止商王朝都城是目前确认最早的都城。

2. 殷墟的名字是怎么来的？

答：公元前 1300 年，商朝的第 20 代国王盘庚把都城由奄（今山东省曲阜旧城东）迁到了殷（今河南安阳市西的小屯村一带），在此建都 254 年，历经 8 代 12 王。公元前 1046 年，周武王伐纣灭商，这里逐渐荒芜，变成了一片废墟，史称“殷墟”。

3. 殷墟是什么时候被列入《世界遗产名录》的？

答：2006 年 7 月 13 日。

4. 什么是甲骨文？

答：甲骨文，又称“契文”“甲骨卜辞”、殷墟文字或“龟甲兽骨文”。甲骨文记录和反映了商朝的政治和经济情况，主要指中国商朝后期（前 14—前 11 世纪）王室用于占卜吉凶、记事而在龟甲或兽骨上契刻的文字，内容一般是占卜所问之事或者是所得结果。

5. 甲骨文是如何被发现的？

答：清朝末年，附近的小屯村村民在此地耕种劳作时，经常刨出一些带字的骨片，他们把这些骨片当成“龙骨”，用来治病或卖给药店赚钱。1899 年，著名的金石学家王懿荣因病买药时发现“龙骨”上有些奇怪的刻画，他对古文字考订造诣颇深，经过认真研究，他认为“龙骨”上刻的是商代文字，是中国最早成体系的文字——甲骨文。

6. 殷墟宫殿宗庙遗址的大门有什么特色？

答：是根据甲骨文的“门”字设计建造的，整扇大门由 3 个甲骨文中的“门”字组成。门两侧的浮雕是根据 1976 年妇好墓中出土的龙形玉玦放大仿制而成的。

7. 迄今世界上出土最大、最重的青铜礼器叫什么名字？

答：后母戊鼎（一称司母戊鼎）。

8. 鼎的作用是什么？

答：最初的作用是用来烹煮食物的，到夏商周时已经成为权力的象征。

9. 甲骨窖穴展厅，1936 年在这里出土了一坑甲骨，编号为 YH127，共 17 096 片，它有什么特点？

答：是殷墟考古至今出土甲骨最多的一坑。

10. 殷墟科学发掘以来发现的唯一保存完整的商代王室成员墓葬叫什么？

答：妇好墓。

三门峡函谷关

1. 函谷关历史文化风景区主要由哪三部分组成？

答：老子文化园、太初宫景区、函谷关城楼景区。

2. 历史上函谷关有哪三处，哪个最著名？

答：秦关、汉关、魏关。最著名的是春秋战国时期建关的秦关，秦关位于三门峡灵宝市北 15 公里处的王垛村，距三门峡市约 75 公里，地处长安古道，紧靠黄河岸边。

3. 函谷关以什么闻名于世？

答：名人老子、名著《道德经》、名关函谷关。

4. 景区牌坊之上的“道通古今”四个大字是谁题写的，有何寓意？

答：是由第七届中国道教协会会长任法融题写。这里的道是指天地万物运行的根本法则和自然规律。“道通古今”告诉大家只有遵循事物发展变化的自然规律，才能搞好我们的工作和生活，古今一理。

5. 介绍一下老子广场西侧的道德天书。

答：位于老子广场西侧的道德天书，是老子文化园中的标志性建筑之一。它总长 365 米，高 12.3 米，寓意一年 365 天，每天都在感悟、学习老子文化。每个字约 1 平方米，呈一字排开，宛若长龙，气势恢宏。文字采用的是篆体，为便于人们认识阅读，下方镌刻了元代书法家赵孟頫的楷书《道德经》以作对照。这是目前为止全世界最大的一部《道德经》。

6. 介绍一下战国井式箭库。

答：战国井式箭库位于函谷关东城门右侧城墙下端，为一直径 0.9 米竖井窑穴式兵器仓库，于 1986 年 7 月发现，是战国时守关官吏储藏兵器的箭库。箭库像一口旱井，里面放着一捆捆箭镞，约 1 立方米，箭头是铜质的，箭杆是铁质的，很轻，已经锈在一起，不能分开。此箭库为研究战国时代的兵器提供了重要依据。

7. 讲讲成语“紫气东来”的来历。

答：据《史记》记载，春秋末期，柱下史老子李聃看到周室将衰，西去隐居。公元前 491 年，函谷关令尹喜，清早从家里出门，站在一个土台上（现瞻紫楼）看见东方紫气腾腾，霞光万道，观天象奇异，欣喜若狂，大呼“紫气东来，必有异人通过”。忙令关吏清扫街道，恭候异人，果然见一老翁银发飘逸，气宇轩昂，并且倒骑青牛向关门走来。尹喜忙上前迎接，通报姓名后，诚邀老子在此小住。老子欣然从命，在此著写了彪炳千秋的洋洋五千言《道德经》。以后，函谷关一带的门楣或春联都书写“紫气东来”，以示吉祥之意。

8. “战国四君子”是指哪四个人？

答：齐国的孟尝君田文、楚国的春申君黄歇、魏国的信陵君魏无忌、赵国的平原君赵胜。

9. 讲讲成语“鸡鸣狗盗”的来历。

答：公元前 299 年，秦昭襄王以齐国孟尝君为秦相，后有人进言“孟尝君乃齐国人，必先齐而后秦，秦国危矣”，于是，秦昭襄王欲将孟尝君囚而杀之。孟尝君闻之，托人求救于秦昭襄王宠妃燕姬，燕姬要求以天下无双的狐白裘大衣来交换出关文书，可是，这件狐白裘入秦时已经献与秦昭襄王了。孟尝君手下三千门客中，有一位门客能为狗盗之术，半夜时分，入秦宫盗出狐白裘，遂换到出关文书。孟尝君得到出关文书，更封传，改名姓以出关。等到达函谷关时，又是半夜时分，秦国关规：日落闭关，鸡鸣开关。情急之下，孟尝君手下另一位擅长口技的门客学了几声鸡叫，学得是惟妙惟肖，一时间关内外群鸡齐鸣，守关人听得鸡叫打开关门，就这样放他们出关了。等到秦昭襄王派人追至函谷关时，孟尝君已经逃离多时了。“鸡鸣狗盗”这个成语即由此而来。

10. 函谷关城楼景区目前还保留的历史遗迹有哪些？

答：古城墙、兵器库、函谷古道等。

安阳红旗渠

1. 红旗渠景区的地理位置在哪里?

答：红旗渠景区位于河南省林州市。

2. 红旗渠是引自哪里的水?

答：引自山西漳河的水，最后汇入海河。

3. 红旗渠景区里著名景点有哪几处?

答：一是分水苑；二是青年洞；三是络丝潭。

4. 红旗渠从开始建渠到竣工共用了多长时间?

答：9 年零 5 个月（也可说成 10 年）。

5. 红旗渠的总设计师是谁?

答：杨贵。

6. 为什么把红旗渠称为“人工天河”?

答：当时林州人民在极其艰难的施工条件下，靠自力更生、艰苦创业的精神，克服重重困难，奋战于太行山悬崖绝壁之上、险滩峡谷之中，逢山凿洞，遇沟架桥，削平了 1 250 座山头，架设 152 座渡槽，开凿 211 个隧洞，修建各种建筑物 12 408 座，挖砌土石达 2 225 万立方米，才建成了红旗渠，所以被称为“人工天河”。

7. “青年洞”的洞名是谁题写的? 摩崖石刻“山碑”二字是谁题写的?

答:“青年洞”是著名学者郭沫若 1973 年题写的;“山碑”是原国家主席李先念题写的。

8. “青年洞”洞长多少米? 是在怎样的条件下凿成的?

答:“青年洞”全长 616 米。当时资金严重缺乏，食物空前紧张，青年们挖野菜、捞河草充饥，摄取的是最低的热量，释放出的是最大的能量。300 名青年历时 1 年零 5 个月，凿通了隧洞。为了纪念这些英雄们，这条隧洞被命名为“青年洞”。

9. 请解释一下红旗渠精神。

答：红旗渠在修建过程中形成的“自力更生，艰苦创业，团结协作，无私奉献”的精神。今天的红旗渠已不单是一项水利工程，它已经成为民族精神的一个象征，要将红旗渠精神继续学习和发扬下去。

10. “中国有两大奇迹，一个是南京长江大桥，一个是林州红旗渠”，这句话是哪位伟人说的?

答：这是 20 世纪 70 年代初，外宾到红旗渠参观时，周恩来总理自豪地对外国友人说的话，也就是从那之后，林县成为对外开放县。

开封焦裕禄纪念园

1. 中共中央组织部命名的“建国以来在群众中享有崇高威望的共产党员优秀代表”有哪五位？

答：雷锋、焦裕禄、王进喜、史来贺、钱学森。

2. 长篇通讯《县委书记的榜样焦裕禄》及《人民呼唤焦裕禄》的作者是谁？

答：新华社副社长穆青；新华社河南分社记者冯健、周原。

3. 焦裕禄纪念园景区主要由哪三部分组成？

答：革命烈士纪念碑、焦裕禄烈士墓、焦裕禄纪念馆。

4. 现在的焦裕禄纪念馆于哪一年落成？

答：1994 年 5 月 14 日，为纪念焦裕禄逝世 30 周年，正式落成并开馆。

5. 焦裕禄在兰考需要面对的“三害”是哪“三害”？

答：风沙、盐碱、内涝。

6. 临上任前，组织上给焦裕禄讲到兰考有哪三个最？

答：第一最苦；第二最穷；第三最难。

7. 焦裕禄提出了哪“三同”的做法？

答：同住、同吃、同劳动。

8. 江泽民为焦裕禄纪念馆的题词是什么？

答：“向焦裕禄同志学习，全心全意为人民服务。”

9. 毛泽东于 1966 年 9 月 15 日，在天安门城楼上接见了焦裕禄的哪位亲属？

答：二女儿焦守云。

10. 习近平 2014 年 3 月视察兰考，提出从哪四个方面学习焦裕禄精神？

答：“心中装着全体人民，唯独没有他自己”的公仆情怀；凡事探求就里、“吃别人嚼过的馍没味道”的求实作风；“敢教日月换新天”“革命者要在困难面前逞英雄”的奋斗精神；艰苦朴素、廉洁奉公，“任何时候都不搞特殊化”的道德情操。

河南黄河小浪底风景区

1. 黄河小浪底景区由哪几部分组成？

答：景区地跨洛阳、三门峡、济源三市，由小浪底大坝、荆紫山、八里峡、三门峡大坝4个片区、13个景区、113个景点组成。

2. 黄河的泥沙来自什么地方？

答：自秦汉以来，黄土高原农耕面积迅速扩大，自然植被受到严重破坏，黄河泥沙量增加。黄河泥沙90%来自黄土高原，黄河年输沙量约16亿吨，成为世界上输沙量最多的大河之一。黄河成为名副其实的“黄河”。

3. 黄河三峡的第一个峡谷是哪个？

答：黄河三峡的第一个峡谷——八里峡，又叫八里胡同。它是黄河中下游最壮观的部分，也是黄河中下游最狭窄的地方，所以又被称为“万里黄河第一峡”，是小浪底大坝的最早地址所在之处。

4. 小浪底水利枢纽工程主要发挥哪些方面的作用？

答：黄河小浪底水利枢纽工程是一项集防洪、防凌、减淤、灌溉、供水、发电等综合效益为一体的特大型控制型工程。

5. 小浪底水利枢纽工程的调水调沙原理是什么？

答：就是根据黄河下游河道的输沙能力，利用水库的水调节库容，有计划地控制水库的蓄水、泄水时间和数量，把淤积在黄河河道和水库中的泥沙尽量多地送入大海，冲刷河床，减缓泥沙的淤积。

6. 小浪底水利枢纽工程总库容是多少？

答：总库容126亿立方米。可控制流域面积69.4万平方公里，占黄河流域总面积的92%以上，控制黄河输沙量的100%。

7. 小浪底水利枢纽工程的发电量是多少？

答：小浪底水电站装机6台，总容量180万千瓦，年平均发电量为51亿度。在以火电为主的河南，小浪底水电站地处三门峡、洛阳、郑州负荷中心，可成为系统中理想的调峰电站。

8. “观瀑节”在什么时间举行？

答：每年6月上旬到7月上旬一个月时间举办观瀑节。

9. 黄河三峡分别是什么？

答：八里峡、龙凤峡、孤山峡被称为“黄河三峡”。

10. 请介绍一下小浪底水利枢纽工程的修建时间。

答：1991年拉开前期工程修建序幕，1994年正式动工，2001年12月主体工程胜利完工，工程建设期10年。

济源王屋山景区

1. 王屋山的“道教三宫”是什么？

答：阳台宫、迎恩宫、紫微宫。

2. 历史上有哪些诗人赞美过王屋山？

答：唐代大诗人李白、杜甫、白居易、李商隐、韩愈先后来王屋山游历。他们在此流连忘返，留下了许多不朽的名篇佳句。王维在《送张道士归山》中说："先生何处去，王屋访茅君。别妇留丹诀，驱鸡入白云。"刘禹锡在《奉送家兄归隐王屋》中写道："阳落天坛上，依稀似玉京。夜分先见日，月静远闻笙。云路将鸡犬，丹台有姓名。古来成道者，兄弟亦同行。"

3. 王屋山的主峰是什么，海拔多少米？

答：主峰是天坛峰，海拔 1 700 余米。

4. 王屋山在哪一年跟哪一座山一起被评为"世界地质公园"？

答：2006 年与洛阳新安黛眉山一起被联合国教科文组织评为世界地质公园。

5. 王屋山的名称由来跟哪本书有关？

答：我国最早的地理志《禹贡》记载，因其山形如王者之屋，故名王屋山。

6. 王屋山著名的"四大天象奇观"是什么？

答："天坛云海""天坛倒影""天坛日出""王母仙灯"。

7. "愿随夫子天坛上，闲与仙人扫落花"是哪位诗人的名句？

答：李白。

8. "济源山水好"是哪位名人对济源的盛赞？

答：白居易。

9. 王屋山运动大约发生在距今多少年前？

答：14.5 亿年前。

10. 王屋山主峰为何称为"天坛峰"？

答：据传是当年黄帝设坛祭天的地方。

驻马店嵖岈山景区

1. 嵖岈山的位置在哪儿？

答：位于驻马店市遂平县境内。

2. 嵖岈山主景区由哪儿部分组成？

答：嵖岈山主景区由蜜蜡山、南山、北山等组成。

3. 嵖岈山景区所在的驻马店市都有哪些历史文化名人？

答：秦丞相李斯、《盐铁论》的作者桓宽、志怪志异小说家干宝、伟大的无神论者范缜、著名抗日民族英雄杨靖宇等一大批历史名人诞生或长期生活于此。

4. 驻马店都有哪些风物特产？

答：小磨香油、泌阳花菇、棠溪宝剑等。

5. 驻马店的哪个地方享有“小延安”之称？

答：确山县竹沟镇。

6. 我国历史上第一个人民公社在哪里成立？叫什么名字？

答：驻马店遂平县，嵖岈山卫星人民公社。

7. 为何说嵖岈山《西游记》神话色彩浓郁？

答：嵖岈山是《西游记》电视剧续集的外景拍摄地之一。

8. 蜜蜡峰名称的由来是什么？

答：圆柱形山峰常有线状风化裂隙，恰似蜂蜜涂壁。

9. 万人洞曾是明末哪位农民起义军首领的藏兵洞？

答：李自成。

10. 嵖岈山属于哪种岩石山体？

答：花岗岩。

太昊伏羲陵景区

1. 太昊伏羲陵景区的位置在哪？

答：河南周口淮阳。

2. 伏羲氏对人类社会的贡献有哪些？

答：伏羲画八卦，定姓氏，结网罟，养牲畜，制礼仪，定嫁娶，实现了中华民族的第一次大融合。

3. 伏羲氏生活的时期大致是在什么时候？

答：伏羲氏生活的时期是由母系氏族向父系氏族过渡的一个时期。

4. 太昊伏羲陵的主要建筑有哪些？

答：太昊陵以伏羲先天八卦的数理兴建，整个陵庙分为内城、外城、紫禁城 3 道皇城，总占地面积 875 亩。建筑布局是以陵墓为中心，中轴线上由南向北的建筑主要有：午朝门、玉带桥、道仪门、先天门、太极门、统天殿、显仁殿、太始门等。

5. 太昊伏羲陵周围最有特色的泥塑小玩具叫什么名字？

答：泥泥狗。

6. 百家姓中陈姓的发源地在哪？陈姓的始祖是谁？

答：陈姓的发源地在周口淮阳。陈姓始祖是妫满。

7. 河南太昊陵庙会的时间是在什么时候？

答：每年农历二月初二到三月初三为太昊陵庙会，以二月初二这一天最为隆重。

第二节 导游服务规范问答题

一、导游服务技能

1. 导游人员与旅游者交往应遵循的原则是什么？

（1）维护国家利益和民族尊严的原则。

（2）恪守信誉的原则。

（3）诚实无欺，双方获益的原则。

2. 导游人员应掌握哪些拒绝旅游者不合理要求的方法？

（1）先是后非

先肯定旅游者的意见和要求，然后予以否定。即首先对旅游者的意见或要求表示理解，再说明客观理由或摆明困难加以拒绝。采用这种方式，既回绝了旅游者，又不会对带团活动产生影响。

（2）推托拖延

借故拒绝旅游者的要求。“借故”可来自外部，如借助国家有关部门或旅行社的规定以及当地民风、民俗或文化传统予以回绝，也可以来自自身原因。

（3）顺水推舟

运用旅游者言语中的某些词语，顺其逻辑性进行引申来拒绝。

（4）善意的“谎言”

旅游者的要求难以满足又不好讲明原因时，为避免旅游者不必要的纠缠或缓解紧张的气氛而使用某种借口。这种办法有时会收到意想不到的效果，能够顺利地解决问题。

（5）巧妙地暗示

用巧妙的语言进行暗示，使旅游者意识到所提要求的不合理性，从而放弃提出的要求。

（6）必须说“不”

对于违反法律规定的、不符合社会道德的，必须说“不”。

3. 导游人员与旅游者进行情感交流时应注意什么？

答：首先，要尊重对方的人格、风俗和习惯。

其次，要平等相待，切忌弄虚作假，言行不一。

4. 旅游者情绪为什么会发生变化？

答：旅游者开始时情绪高涨，心情愉快，游兴较高。随着时间推移，旅游者情绪可能变得消极、烦恼甚至愤懑。出现这种变化的原因主要有：①旅游者的需求未得到满足；②旅游团中出现了矛盾；③旅游者本人或其家庭方面原因。

5. 导游人员可以通过哪些途径发现旅游者情绪的变化？

答：导游人员可从旅游者的面部表情、说话声调、体态三方面进行观察和发现。

（1）面部表情

皱眉可能表示对某些内容没有听懂；眼睛望向别处表示对讲解的内容不感兴趣；撇嘴表示对某事不屑一顾；歪头倾听表示注意力集中，对讲解内容兴趣较浓。

（2）声调

声调欢欣，意味着心情比较愉快；声调激昂，意味着态度比较强硬，或要求迫切；声调带讽刺味道，则意味着不高兴，或不耐烦。

（3）体态

膝盖晃动或坐立不安表示对某问题不感兴趣，或感到不耐烦；走路迅速表示热情很高；而缓慢踱步则表示其悠然自得。

6. 导游人员与领队配合要注意哪些问题？

答：（1）以下问题多征求领队意见：

①磋商旅游团活动日程。

②旅游计划被迫更改。

③旅游故障和事故发生。

④经常征求领队意见，听取领队对旅游的反映。

（2）多给领队面子。

（3）支持领队工作。

对执意挑剔和一味苛求的领队，要说明这类要求已超出旅游协议的范围。若其一意孤行可警告向其旅行社领导报告，对自身就是旅行社领导的领队，要采取适当的方式处理，做到有理、有利、有节。有理，即指出其苛求超出了协议确定的内容；有利，即选择适当的时机；有节，即言明后适可而止。

7. 导游人员应如何与相关单位进行协调？

答：（1）尊重相关接待单位的劳动。

（2）及时、有效地沟通。

（3）协助弥补供给缺陷。

8. 导游人员应该怎样与司机相互合作？

答：导游员在旅游接待中居于主导地位。因此，导游人员应主动加强与司机的合作。

（1）尊重司机的劳动，做好沟通工作。

（2）协助司机做好安全行车工作。

9. 地陪怎样与全陪进行合作？

答：地陪与全陪在完成接待任务上应团结协作、相互支持、密切配合。

（1）互通信息，主动争取对方的配合。

（2）彼此尊重，相互学习。

（3）互相补台，勇担责任。

（4）坚持原则，平等协商。

10. 对儿童的服务有哪些特点？

（1）关注儿童的安全。

（2）照料好儿童的生活。

（3）掌握儿童“四不宜”原则。

①不宜突出儿童而冷落了成年旅游者。

②不宜给儿童买食物、玩具。

③不宜单独带旅游者的孩子外出活动。

④儿童生病时，不宜建议家长给儿童服药，更不准将自己的药品给儿童服用，应建议家长带孩子去医院治疗。

（4）注意儿童的收费标准：

儿童住宿、用餐和机（车、船）票因儿童年龄或身高而有不同规定，应特别注意。

11. 对老年旅游者的服务有哪些特点？

答：（1）游览中适当放慢行进速度。

（2）讲解时适当放慢语速。

（3）耐心解答问题。

（4）预防老年人走失。

（5）多做提醒工作。

（6）适当增加休息时间，关心其身体健康。

12. 对残障旅游者的服务有哪些特点？

答：不得歧视或讥笑截瘫、聋哑、盲人或有视力障碍等残障旅游者，也不要打听其残障的原因。这类旅游者的自尊心和独立性很强，不愿给别人增添麻烦。服务中对他们要特别注意方式方法，尽可能地为他们提供方便，又不要给他们形成精神上的压力。

（1）对截瘫旅游者的服务

①根据接待计划，明确是否需要轮椅，提前通知饭店和有关单位进行准备。

②与有关部门联系存放轮椅和其他物品的旅行车。

③提前到机场办理手续，以便导游员直接进隔离区接待他们。

④考虑特殊需要，游览路线尽量不走台阶，用餐尽量安排在一楼餐厅，提前告知卫生间位置等。

（2）对聋哑旅游者的服务

安排聋哑旅游者坐在旅游车前排，以便他们通过导游员口型来获取信息。讲解时，应面向他们并放慢讲解速度，使他们能了解更多的讲解内容。

（3）对有视力障碍旅游者的服务

有视力障碍的旅游者也应安排在前排就座，以便他们上、下车。讲解时应主动站在他们身边，以便其揣摩讲解内容。参观游览时，凡能触摸的事物和展品应尽量让其触摸，以提高他们的游兴。

13. 接待宗教界人士有哪些注意事项？

尊重游客的宗教信仰和风俗习惯是涉及民族、宗教甚至安定团结的重要问题，必须高度重视。

信仰伊斯兰教的人不吃猪肉，也忌谈猪。斋月的日出之后、日落之前不能吃喝。

有些佛教徒不吃荤，印度教徒不吃牛肉。

天主教徒忌讳“13”这个数字，尤其是“13 日星期五”。

某些国家如印度、印度尼西亚、马里等及一些阿拉伯国家，忌讳用左手与他人接触或用左手传递东西。

东南亚某些国家忌讳坐着跷大腿；伊朗人称好不伸大拇指。

保加利亚、尼泊尔等一些国家，摇头表示赞同，点头表示不同意。对于这些宗教信仰和习俗，导游人员应予以足够的重视和尊重。

二、导游的语言技能

1. 导游员常用的讲解方式有哪些?

答:(1)陈述式

陈述式是按照先后顺序、因果关系，对景物进行有条有理的讲解的方式。

(2)问答式

问答式是采用发问和回答进行导游讲解的形式，适用于沿途讲解和同游客交谈，在景点讲解中也常用到。问答式分为“自问自答”“我问客答”和“客问我答”3 种形式。

①自问自答

自问自答是导游员自己提出问题、自己回答的讲解形式。导游人员提出问题后，应做适当停顿，给游客留下思索的空间，促使他们思考，然后由导游人员针对问题进行解答或讲解。

②我问客答

我问客答是由导游员提出问题、游客回答的讲解形式。导游人员可适当诱导，但不要强迫游客回答，以免游客尴尬或不愉快。不管游客是否答对，导游人员都应予以鼓励。

③客问我答

客问我答是由游客提出问题、导游员进行解答的讲解形式。既不要因游客所提问题幼稚而笑话他们，也不应对其问题置若罔闻，或不耐烦。能解答的进行解答，不能解答的表示歉意。

2. 导游人员常用的讲解方法有哪些?

答：导游人员常用的讲解方法有以下几种：

(1)概述法

概述法是对景点的景物布局、特色等基本情况进行轮廓性介绍的方法，适用于景点游览之前在入口处示意图前进行，使游客对景点有一个整体认识，为随后对景点的游览和景观的讲述进行铺垫。概述通常包括景点的历史沿革、地理位置、面积、景物布局、主要特色、游览路线、集合地点等。

(2)突出重点法

突出重点法是避免事无巨细，面面俱到，而是有主有次，有轻有重，以重点为主的讲解方法。主要表现在以下四个方面：

①突出大景点中具有代表性的景观

一个规模较大的景点往往有众多景观，要选择其中有特征和代表性的景观进行重点介绍。讲解前对景点做好讲解计划，确定重点景观和讲解的内容。

②突出景点中新、奇、特的内容

景点都具有某方面的特征，应注意景点的特色，将其作为讲解的重点，使讲解更加鲜明。

③突出游客希望了解和有兴趣的内容

讲解应针对游客的期望和爱好，将其作为讲解的重点，这样才能收到较好的效果。

④突出“最”字

“最”是事物或景观某方面突出特征的体现，可反映该景观在同类景观中所处的地位，因而能引起游客的关注和兴趣。在运用“最”字时，必须符合客观实际，否则会使导游人员陷入尴尬之地。

（3）触景生情法

触景生情法是借景生情、情景结合的方法，实现情景交融，以增加导游讲解的生动性和形象性，有利于活跃气氛。

（4）由点及面法

由点及面法是由某种事物引出总体而借题发挥的讲解方法。利用所讲之事、所见之景进一步引申，扩展讲解的范围和深度。

（5）虚实结合法

虚实结合法是将典故、故事、传说等与景物介绍有机结合起来的讲解方法。讲解时以“实”为主，以“虚”为辅，做到“虚”为“实”服务，以“虚”来烘托情节，以“虚”来强化“实”的意义，避免讲解平淡枯燥，使讲解更加充实，使景物显得更加神奇、完美。

（6）设置悬念法

设置悬念法是一种在导游讲解中提出令人感兴趣的话题，但又引而不发，以激起游客的好奇心理，使其产生求答欲望的讲解方法。设置悬念在活跃气氛、增强导游讲解效果诸方面能起到重要作用，会使导游员始终处于游客注视的中心，在导游活动中把握主动权。

（7）类比法

类比法是一种以熟喻生、达到触类旁通的讲解方法。类比法是用游客熟悉的事物（景物）与眼前的事物（景物）进行比较，便于游客理解，激发游客的兴致，达到事半功倍的效果。既可以在物与物之间进行比较，也可在时间、风俗习惯等方面进行比较。

①同类相似类比

同类相似类比，即将性质上相同、形态上又相像的两件事物（或人物）进行比较。

②同类相异类比

同类相异类比，即将性质上相同而在形态、规格、质量、水平、风格、价值等方面不同的两件事物（或人物）进行比较。

（8）画龙点睛法

是用精辟的词语概括旅游目的地或游览景点突出特征的讲解方法，有助于游客了解和认识其主要特征和精华所在。

（9）妙用数字法

是利用数字来精确地说明事物的历史年代、形体特征、功能大小等方面内容的一种手段，可以提高讲解中知识传递的效果。讲解历史文化古迹，往往离不开数字，而平铺直叙地讲数字，常常给人索然无味的感觉，巧妙地讲解数字便成为导游讲解的一项技能。

三、导游人员的行为规范

1. 导游员应遵守的纪律和守则是什么？

（1）严守国家机密，保护国家财产。

（2）严格按规章制度办事。

（3）自觉遵纪守法。

2. 导游人员着装的基本要求有哪些？

答：导游人员的着装应整洁、大方得体，要严守 TPO 原则，即时间“Time”、地点“Place”、场合“Occasion”，其中的 T、P、O 三个字母，分别是英文时间、地点、场合这三个单词的首字母。根据这一原则，导游员应在选择服装时力求与着装的时间、地点、场合协调一致。

（1）要和自己的年龄相协调

导游员多为年轻人，服饰色彩应简洁雅致、清新自然。

（2）要和自己的体形相协调

人的体形因人而异，导游员在服饰上应扬长避短。

（3）要和自己从事的职业相匹配

导游员应给旅游者清新自然、落落大方的印象，不宜穿过于鲜艳或怪异的服装，也不宜穿色调过于暗淡的衣服。

（4）要和所处的社会环境相协调

导游人员的着装平时可以随意些，但在特定环境下，须与当时的气氛相吻合。

3. 导游人员要注意的见面礼节有哪些？

答：见面礼节包括介绍和自我介绍、握手、拥抱、鞠躬、合掌、互递名片等。

（1）介绍

自我介绍时，要讲清自己的姓名和单位，切忌羞羞答答或自吹自擂。介绍他人时，先把男士介绍给女士，把职位低的人介绍给职位高的人，把年轻人介绍给年长者，把主人介绍给客人。

（2）握手

握手时一般用右手，采取立正姿势，上身稍微前倾，面带微笑目视对方，握手时间以1~3秒为宜。不要旁顾他人，不要边握手边拍对方肩头，不要握手后用手绢或纸巾擦拭自己的手掌。男子握手时要先脱下手套和帽子，女子可戴薄纱手套。握手力度要掌握好，握得太轻了，感觉是敷衍；太重了，感觉粗鲁。为表示真诚和热情，也可较长时间握手，并上下摇晃几下。

对方是年长者或身份高者，应先向他致意问好，待对方伸出手后才能握手，用双手握以示尊敬。

男女握手时，女方先伸手。

宾主之间主人应先向客人伸手，以示欢迎。

长辈与晚辈之间，晚辈要等长辈先伸手，以示敬仰。

上下级之间，下级要等上级先伸手，以示尊重。

（3）拥抱

拥抱是欧美国家、俄罗斯和阿拉伯国家通行的见面方式，以表示亲热。

（4）递接名片

递接名片是极其普遍的见面礼节。初次相识自我介绍或别人为你介绍时，常常递送名片。

4. 关于握手礼仪导游人员应注意哪几大禁忌？

答：导游人员应注意八大握手礼仪禁忌：

（1）不要用左手相握。阿拉伯人、印度人、泰国人视左手为不洁。

（2）同基督教信徒握手时不要与另外两人相握的手形成交叉状，他们视这种十字架形状为不吉。

（3）不要在握手时戴手套或墨镜。但允许女士在社交场合戴薄纱手套握手。

（4）不要在握手时把另一只手插在衣袋里。

（5）不要在握手时面无表情、不置一词或长篇大论、点头哈腰、过分客套。

（6）不要在握手时仅仅握住对方手指尖，犹如保持距离，要握住整个手掌。

（7）不要在握手时把对方的手拉过来、推过去，或上下左右多次抖动。

（8）不要拒绝和别人握手，手上有污渍也要和对方说清楚，以免造成误会。

5. 关于日常交往礼节，导游人员应注意什么？

答：（1）信守时间。

（2）尊重旅游者的宗教信仰和风俗习惯。

（3）导游员不得用导游旗或手指清点旅游者人数，而应采取默数的方法。

（4）导游员不得随意进入旅游者房间。

（5）男导游人员要自觉遵守西方社会人际交往中“女士优先”的传统礼仪。

6. 导游与旅游者交谈中的禁忌有哪些？

答：（1）个人隐私类话题：坚持“六不问”原则，即不问年龄、婚姻、住址、收入、经历、信仰。这些个人隐私不要询问，也不要议论第三者。

（2）在非特殊场合谈话不要涉及疾病、死亡、灾祸等不愉快的问题，对身体有缺陷或残疾的游客不要涉及其缺陷或残疾的原因。

（3）非议政府或个人的话题：不要评论旅游者国家的政府及领导人，不要评论其政府的政策及政局。

（4）令人难堪和反感的话题：不要追问游客不愿回答的问题，也不要谈论过于严肃的问题。

（5）错误倾向的话题：不要谈及荒诞离奇、耸人听闻、黄色淫秽等方面的问题。

（6）涉及国家机密的话题：既不要胡言乱语，更不要泄露。

四、地陪导游服务规范

1. 地陪导游员的职责是什么？

答：地方导游服务是指地方接待社（简称地接社）委派的导游员（简称地陪），负责具体落实旅游合同，完成当地的旅游接待服务。地方导游服务程序贯穿于食、住、行、游、购、娱六个环节。

2. 地陪接团前要做哪些准备工作？

答：地陪在接团前必须做好计划准备、物质准备、知识准备、形象准备、心理准备五个方面的工作，避免发生服务质量事故。

计划准备主要包括以下内容：

（1）领取团队接待计划

地陪领取接待计划后，要重点了解三个方面的信息：①组团旅行社名称；②旅游者基本情况，如人数、性别、国籍、年龄、领队和全陪的姓名，以及团名、团号、接待标准（豪华等、标准等、经济等）、特殊要求等；③旅游团抵、离时间，航班、车次、交通港（机场、车站、码头）、交通票据落实情况（离开本地的交通票车次、离港时间、领取车票时间、联系人等）。

（2）核查并落实各种服务供应

①核对团队日程安排。

②核查住房、用餐、旅行车、行李车、交通票等落实情况：

a. 核实饭店的位置、概况、服务设施等；核实团队预订房间的数量、房型、抵离时间、早餐形式等；向饭店提供团队抵达时间及车牌号。

b. 确认用餐（包括风味餐、宴会等地址、名称、礼品供应、注意事项、入门及停车要求）安排情况。

c. 与旅行车司机商定相关时间、地点等细节，再与行李车司机联系，确认团队抵达的时间、地点、班次以及下榻的饭店。

d. 落实旅游团离开当地的出票情况，以便安排旅游团前往机场（车站、码头）的时间及托运行李的时间。

e. 记录旅行社各部门及相关单位人员的联系电话，如行李员、全陪、司机、餐厅、饭店、景区景点、参观单位、机场（车站、码头）等的联系电话。

③联系全程导游员，了解团队有无变化，确认接团的班次、时间、地点。

④对不熟悉的参观游览点要预先了解，掌握开放时间、内容与特点、最佳游览路线、厕所位置等相关信息。

必需的各种物资准备包括以下内容：

领取导游旗、门票结算单、餐饮结算单、住宿结算单以及资料（团队名单、游客意见反馈表等），带好接待计划（旅行社证明）、导游证、身份证、导游旗、扩音器、接站牌、旅行车标志等，以及必备的个人物品如换洗衣物、名片、记事本、充电器、常备药物与工作包等。

知识准备包括以下内容：

历史地理知识、旅游专业知识、社会常识、热点话题、国内外重大新闻以及旅游者可能感兴趣的话题。入境旅游团的导游员还应做好外语词汇准备和旅游客源国或地区的各种知识准备。

形象准备包括以下内容：

导游员在接团前一定要做好仪容、仪表方面的准备。

心理准备包括以下内容：

导游员接待旅游团前要做好常变常新的准备。接团前要调整好自己的心态和情绪，对可能出现的问题及来自旅游者的抱怨做好心理准备。

3. 地陪迎接旅游团有哪些具体服务内容？

答：（1）迎接前的服务准备

①向机场（车站、码头）问讯处问清到达的准确时间；联系旅行车司机，确定接头地点和时间。

②提前半小时抵达机场（车站、码头），确认飞机（火车、轮船）到达时间。告知旅游车、行李车司机自己的位置。

③持接站标志在出站口醒目位置迎候旅游者。

（2）交通工具抵达后的服务

①认找旅游团，迎候领队或全陪，核实团队信息防止错接

导游员站在明显位置举接站牌，以便领队、全陪或旅游者前来联系。找到旅游者后，认真核对信息以防错接。对领队或全陪表示欢迎。若旅游团人数发生变化，要及时报告旅行社，相应变更住宿和餐饮安排。

②集中清点行李

引导旅游者将行李放在指定位置，提醒旅游者检查行李是否完好无损。与领队、全陪、行李员核对行李数量无误后，协助办理交接手续（中转团向全陪或领队索要行李托运单，移交给行李员）。

③引导旅游者登车离开迎接场地

4. 地陪途中导游服务包括哪些内容？

答：途中导游服务包括致欢迎词以及本地概况、注意事项、沿途风光、下榻饭店简介等内容。

（1）致欢迎词

代表旅行社欢迎旅游者光临；介绍本人及旅行社、司机和车牌号码等；表示努力为旅游者提供服务的诚挚愿望；预祝大家旅游愉快、顺利。

（2）本地概况介绍及安全提示

介绍当地历史沿革、地理位置、人口、气候、发生过的重大历史事件、代表人物、生活习俗、文化传统、特色产品、风味食品等，以及提示安全注意事项。

（3）下榻饭店介绍

介绍饭店名称、位置、与机场（车站、码头）的距离以及饭店星级、规模、主要设施、设备、服务项目等。

5. 地陪导游员在旅游团队入住饭店时需做哪些服务工作？

答:（1）协助办理入住手续。

（2）介绍饭店设施，宣布次日活动安排及注意事项：

①介绍外币兑换处、餐厅位置及用餐注意事项、娱乐场所、商品部位置等。强调贵重物品交前台或锁进客房保险箱并记住密码，提醒客房内收费项目、饭店安全通道位置及房间安全提示等注意事项。宣布领队或全陪的房间号。

②宣布次日的活动安排，进行天气预报，提供衣物建议，宣布集合时间、地点、车号及标志等。

③带领旅游者用好第一餐，引领旅游者到达餐厅，将全陪或领队介绍给餐厅经理或主管人员，告知旅游者的特殊要求。

（3）核对行程单，商定日程安排，防止出现差错。

6. 旅游团参观、游览时地陪要做哪些服务工作？

答：参观、游览时地陪要做好以下四方面的工作：

（1）出发前的准备

①准备物品和协调有关事宜

携带导游旗、导游证、票据结算单，联系司机准时将旅行车开至集合地点；提前 15 分钟到达集合地点，应对可能出现的突发情况。

②引导旅游者登车，清点人数

（2）沿途导游服务

旅行车前往游览点途中，导游要向旅游者介绍当日国内外重要新闻、当地风土人情、沿途的景物风光，回答旅游者问题，简要介绍即将游览的景区景点及注意事项。

（3）景点的导游讲解

景点的导游讲解是地陪旅游服务的主要环节。

①游览前的导游讲解

游览景点之前，讲清参观所需时间、结束后集合时间和地点，提醒旅游者记住旅行车颜色、标志、车号及参观、游览中的注意事项。

②游览中的导游讲解

进入景区景点后，按预先设计的游览路线进行游览。在景点示意图前，讲明游览路线、景点概况等。集中讲解后，给旅游者留出自由游览的时间。

③旅游者动向的关注

讲解过程中，时刻关注旅游者动向和周围环境。为防止旅游者走失，地陪应与领队、全陪密切配合，随时清点人数。时常提醒旅游者在游览中提高警惕，防止盗窃等治安事件发生。

④返程的导游讲解

结束参观返回途中，地陪应帮助旅游者回顾当天参观的内容，解答旅游者的问题，进行沿途风光导游，预报晚上和次日的活动安排。

（4）参观点的陪同与翻译服务

7. 地陪导游服务的其他工作包括哪些内容?

（1）用餐服务

按规定的时间、地点、人数、标准或特殊要求在旅行社签约餐馆用餐时，导游员引导旅游者进入餐厅入座，介绍餐厅概况、餐厅设施及菜肴的特色。旅游者如需另加酒水或菜肴，应向其说明类别和价格；满足有宗教习惯的旅游者的用餐需求。

用餐过程中，地陪应至少巡视一两次，查看餐馆是否按规定的标准供应菜肴，是否有卫生等质量问题，询问旅游者对菜肴的意见和要求。如发现餐馆提供的饭菜存在质量问题，或旅游者提出合理且可行的要求，地陪立即与餐馆联系，进行纠正或调整。用餐后，导游员严格按实际用餐人数、标准、饮用的酒水数量，如实填写“餐费结算单”，与餐馆方面结账。

（2）购物服务

①购物前应提醒的注意事项

购物前，地陪须向旅游者告知在商店的停留时间及购物注意事项，包括我国海关对古玩和中草（成）药出入境的规定。旅游者购物时，地陪应如实地介绍商品特点，必要时承担翻译工作。

②对旅游者购物中有关问题的处理

旅游者购物过程中，如果商店销售假冒伪劣商品或不按质论价，地陪应同商店负责人进行交涉，维护旅游者的合法权益。经过景区景点附近摊位时，地陪应提前提醒旅游者以防被骗。

（3）文娱活动服务

地陪应严格按照接待计划规定的时间、地点、内容，带领旅游者观赏文艺表演，并自始至终陪伴旅游者。在节目开始前，引导旅游者入座，介绍剧场的设施配置，对节目的内容和特点做简要介绍。中场休息和剧终散场时，地陪要提醒旅游者注意安全，不要走散和遗忘物品。

（4）会见活动服务

外国旅游者在华旅游期间，要求会见同行、会见某方面负责人等活动，地陪应提供相应的服务；要求会见该国驻华使领馆人员、在华亲友，地陪应协助联系，但不宜陪同前往。

8. 地陪在送站服务时应注意哪些问题？

答：地陪的送站服务包括以下三大方面的内容：

（1）送站前服务

①核实交通票据

旅游者离开当地前，地陪必须与领队或全陪认真核查交通票据的数量、目的地、时间、班次、离港地点等信息。

②确定行李出房间的时间及行李员交接时间

离站前一天，地陪与领队或全陪商定旅游者行李的出房时间后，向旅游者通告行李的出房时间，讲清行李托运的注意事项。与行李车司机确认团号、航班号、时间、离港地点。

③安排叫早、早餐时间，提醒旅游者提前结算个人消费的账目

如饭店的早餐时间晚于团队的出发时间，地陪要在饭店前台登记，为旅游者准备早餐打包。

（2）离店服务

①办理退房，交运行李

提前 15 分钟在饭店前台等候，督促旅游者交房卡，结算账目。如旅游者损毁客房中的物品，导游员应协助处理赔偿事宜。

旅游团离开饭店前，地陪与领队、全陪共同清点旅游者行李数量（包括领队、全陪的行李），检查行李是否捆扎结实并锁好，协助领队填写行李运送卡，与饭店行李员办理交接手续。

②提醒旅游者有关事宜

开车前，再次提醒旅游者检查全部物品、保险箱寄存物品等。地陪确认自已没有留存旅游者的任何证件或物品。确认无误后，请司机发车前往机场

（车站、码头）。

（3）送行服务

①致欢送词

地陪通过致欢送词，将与旅游者之间的感情推向高潮，给旅游者留下难忘的印象。欢送词应包括以下四项内容：

a. 回顾旅游者在当地的旅游活动，对其合作表示感谢，对他们的离去表示惜别之情。

b. 诚恳征求旅游者对接待工作的意见和建议。

c. 对服务的不足之处表示歉意。

d. 期待再次重逢，祝旅游者的旅途平安顺利。

②发放及回收质量评价卡

③交接行李或行李票，送旅游者进入车站、码头、航站楼

旅游者经过行李安全检查，进入候机厅（候车室、候船室）前，地陪应热情地向旅游者及领队、全程导游员挥手告别。然后，地方导游员可离开机场（车站、码头）。

送走旅游团后，地陪与旅行车司机办理结账手续，或在用车单据上签字，并将单据带回旅行社。

9. 地陪服务中的后续工作包括哪些内容？

地陪送走旅游团后，尽快返回旅行社，完成处理遗留问题、财务结账、汇报总结、归还所借物品等工作。旅游者如有遗留问题，导游员应认真地处理，按规定流程办理旅游者托办的事宜。

五、全陪导游服务规范

1. 什么是全陪？

答：全程导游员简称全陪，是组团旅行社（简称组团社）委派的工作人员，负责为旅游团在整个旅游过程中提供全程导游服务。全陪负责联络旅游团移动中的各个接待环节，督查地接社及地陪接待服务工作，协调领队、地陪、司机等旅游接待人员之间的关系，保证旅游活动按计划得到顺利实施，保证服务质量。

全程导游服务工作流程基本分为接团前工作准备、首站（入境站）服务、各站服务、途中服务、末站（离境站）服务、后续工作 6 个部分。

2. 全陪接团前要做哪些准备工作？

答：全陪的准备工作有熟悉接待计划、知识准备、物品准备、首站接待

联系等内容。

（1）领取旅游接待计划，核查接待计划及各种资料，熟悉旅游者情况等各种信息。

（2）抵离各站时间、所乘交通工具及票据是否已经订妥或是否需要确认、有无变更等。

（3）准备必需物品

身份证、导游证等，发给各地的接团通知、各地接社通信录、讲解资料、全陪日志、行李牌等。

（4）联系首站接待旅行社

接团前，全陪与旅游目的地首站地接社联系，互相确认信息，落实接团事宜。

3. 在进行首站（入境站）接团服务时，全陪应做哪些工作？

答:（1）提前到达约定的地点迎接旅游者，与领队、地陪相互认识

接待入境旅游团，全陪应与地陪一起提前半小时到达接站地点接团。全陪向领队自我介绍后，介绍地陪。全陪与领队核实旅游者实到人数、行李件数、住房、餐饮特殊要求等。如实际情况与原接待计划有出入，全陪立即报告组团社进行相应调整。

接待国内旅游团，全陪应提前半小时到达集合地点，等候旅游者到来，提醒旅游者检查证件。

（2）向旅游者致欢迎词，介绍地陪

（3）入住酒店的服务工作

入境旅游团抵达下榻饭店后，全陪入店服务包括五项内容：协助领队及地陪办理住店手续：请领队分配住房，掌握团队分房名单，与领队互通各自房号以便联系；引导旅游者进入客房；如地陪不住饭店，要掌握与其紧急联系的方式；记下饭店总服务台电话等酒店信息。

本地首发旅游团到达下榻饭店后，全陪引导旅游者进入客房，协助领队和地陪查验旅游者是否收到行李、房间设施是否安全可靠等。

（4）核商日程

与地陪核对旅游团接待计划，如发现地接社对活动日程做了较大变动，应及时向组团社报告。

4. 团队旅游过程中，全陪服务工作的主要职责是什么？

答：全陪在旅游过程中的职责主要有：衔接各地接待人员之间的配合，避免发生漏接、误接、误机等事故；检查和督促地接社履行接待计划，保证

服务质量；保证旅游者人身与财物安全，应对突发事件。

5. 全陪在旅游团抵达阶段的服务内容主要有哪些？

答:（1）负责上、下站地接导游人员的衔接，避免发生漏接、误接、误机等事故

①旅游团离开本地前，全陪负责与下站的地接导游员沟通，通报旅游团乘坐交通工具的班次、抵达时间、有无人员变动、行李情况、旅游者特殊要求等。

②旅游团抵达机场（车站、码头）时，全陪应手举组团社社旗，引导旅游者携带行李到出站口与地陪会面。将地陪介绍给领队和旅游者，向地陪介绍旅游团成员情况，转达他们的建议和要求。

③全陪协助领队、地陪清点行李，办理行李交接手续。

（2）协助地陪工作

①入住饭店服务

配合领队或地陪办理团队入住登记、分配房间。带领地陪及领队查验旅游者是否收到行李、房间设施是否安全可靠，旅游者对房间设施是否会使用等。

②景区景点服务

旅游团在景点游览时，地陪走在前面引导，全陪走在旅游团后面，招呼滞后的旅游者，并随时清点人数，以防走失。

（3）保障旅游者安全，做好安全防范工作

（4）监督接待计划的实施与服务质量，督促改进，提高服务水平

地陪临时缺位或失职的情况下，全陪应主动兼行地方导游员职责，保证旅游服务的顺利进行。

6. 全陪在离站服务阶段的工作内容主要有哪些？

答:（1）与地陪当面核对交通票、离港时间及地点

（2）通告旅游者关于行李的规定，与地陪交接交通票及行李托运单

（3）带领团队办理登机（火车、轮船）等手续

全陪与地陪、司机告别后，带领团队办理登机（火车、轮船）手续。

（4）处理航班延误或取消等问题

7. 在旅游团移动途中，全陪应提供哪些服务内容？

答：全陪的途中服务是指旅游团从通过机场（车站、码头）安全检查，进入候机厅（候车室、候船室）开始，到旅游团走出下一站机场（车站、码头）为止，全陪为旅游者提供的服务。途中服务的主要内容是生活照料和信

息沟通。

（1）生活照料

①乘飞机的服务。全陪要协助旅游者办理登机手续、行李托运、安全检查等相关手续，引导旅游者从正确的登机口依次登机。

②乘火车（轮船）的服务。若陪同入境旅游团，配合领队分配包房、卧铺铺位；若陪同国内旅游团，全陪负责这些工作。

③订餐服务。旅游团上车（船），全陪安排旅游者入座后，应立即找列车（轮船）餐厅负责人订餐，告知旅游者人数、餐饮标准和旅游者用餐要求等。

④照料患病旅游者。

⑤保管票据。全陪要保管好机（车、船）票和行李托运单，抵达下站时将行李托运单交给地陪。

⑥安全提示。全陪在途中要经常提醒旅游者注意人身和财物安全，安排好旅游者的途中生活，努力使他们感到旅途舒适、愉快。

（2）信息沟通

①了解旅游者。

②解答问题。

③征求意见。

8. 全陪在末站（离境站）旅游活动即将结束前的服务内容有哪些？

答:（1）入境旅游团离境前的工作

全陪在旅游团离开末站前，协助落实交通票确认、行李托运等事项。离开末站的前一天晚上，全陪应与旅游者话别或致欢送词，内容主要包括：

①感谢领队和旅游者的友好合作；表示与旅游者共同度过了一段美好而愉快的旅行生活；请旅游者谅解在服务中的不足之处；欢迎旅游者留下宝贵的意见和建议；欢迎旅游者再来，并愿再次为他们服务。

②提醒旅游者带好证件和物品，介绍如何办理离境手续。

③表达良好祝愿。

将旅游者送至安全检查口，挥手（或鞠躬）告别。

（2）国内旅游团在末站的工作

准备返回出发地的前一天，协助落实团队的返程交通票、行李托运、财务结算等事宜。旅游团前往机场（车站、码头）途中，全陪应致欢送词。

（3）结尾工作

全陪总结带团的经验与体会，认真处理好旅游团遗留的问题。

①按时填写“全陪日志”，内容包括旅游团基本情况、旅游安排及乘交通

工具的情况、各地接待服务质量、旅游者对旅游服务的满意程度、发生的问题与处理经过、旅游者的意见和建议等。

②按规定的时间向财务报账，归还所借物品，报送组团社所需要的其他资料。

六、散客旅游服务规范

1. 什么是散客旅游服务？

答：散客旅游，是指旅游者零散报名、临时参加旅行社组织的各项活动的团体游形式。散客团旅游分为小包价旅游和组合旅游。散客旅游者自主性较强，自由度较大，又不配备全程导游员或领队，因而接待工作更为复杂，对导游员的职业责任感要求更高。

2. 导游员怎样进行散客接站服务？

答:（1）接站前的准备工作

①导游员领取接待散客旅游者的任务后，要认真阅读接待计划，确认接站日期、时间、班次、地点、旅游者姓名及人数、下榻饭店。核实有无变更、提供哪些服务项目、车辆安排等。

②携带有旅游者姓名的接站牌或旅行社社旗等标志物、导游证等，联系旅行车司机，了解车型、车号并约定会合时间与地点。

（2）提前到达接团地点，迎接旅游者

导游员提前30分钟到达机场（车站、码头）。导游员应站在醒目的位置举牌等候，以便旅游者前来联系，也可根据旅游者的特征主动上前询问。

如未接到旅游者，导游员询问工作人员，确认本班次旅客确已进站、隔离区内已没有出站的旅客。导游员在尽可能的范围内寻找至少20分钟。如找不到旅游者，导游员应向旅行社报告，核查旅游者的日期或班次有无变化。同时向饭店查询旅游者是否已经自己到达饭店。经旅行社同意后，导游员方可离开机场（车站、码头）。

（3）沿途导游服务

机场（车站）至下榻饭店的途中，导游员应像接待包价旅游团一样进行沿途导游，或采取对话的形式进行。

（4）入住饭店服务

到达饭店后，导游员协助旅游者办理住宿登记手续，记下旅游者房间号码和联系方式，向旅游者介绍饭店的服务项目及住宿注意事项、饭店提供的服务项目、离店时须现付的费用和项目。

迎接旅游者过程中，应询问旅游者停留期间需要旅行社为其代办的其他事项，并表示愿竭诚为其提供服务。但一切服务均需报告旅行社，听取指示或按规定收取服务费。

（5）后续服务工作

迎接工作结束后，导游员及时将同接待计划有出入的旅游者的特殊要求反馈给旅行社。

3. 导游员接待散客旅游的导游服务有哪些内容？

答：（1）接团服务与沿途导游服务

①导游员要带好团队接待单、导游旗、导游证、身份证、各种结算单、名片等，与司机确认集合时间、地点，提醒司机做好准备工作。导游员提前15 分钟抵达集合地点，引导旅游者上车。旅游者分别入住不同的饭店时，导游员应配合司机规划好行驶路线，按时到各饭店接运旅游者。

②接待的若是散拼旅游团，初次与旅游者见面时，应代表旅行社、司机向他们致以热烈的欢迎，表示愿竭诚为大家服务，希望旅游者予以合作，预祝游览愉快、顺利。特别向旅游者强调游览中的注意事项。

（2）现场导游讲解

抵达游览景点，对景点的历史背景、特色等进行讲解，引导旅游者观赏。

接待个体旅游者，导游员可采取对话形式进行讲解。游览前，导游员应向其提供游览路线的合理建议，由旅游者自行选择。导游员应提醒旅游者记住上车时间、地点和车型、车号。

接待散客小包价旅游团或组合旅游团导游员应带领团队边游览边讲解，随时回答旅游者的提问。

接待计划规定的景点游览结束后，导游员与司机将旅游者送回各自下榻的饭店。

（3）其他服务及后续工作

根据接待计划或旅游者书面确认，安排购物或其他活动，并提醒他们外出时注意安全，引导他们去健康的娱乐场所。

接待服务完成后，导游员及时回旅行社结算并汇报有关情况，或填写“零散旅游者登记表”。

4. 导游员怎样做好散客旅游的送站服务？

答：（1）服务准备和落实各项安排

①导游员领受送站任务后，要详细阅读送站计划，明确旅游者交通票、姓名、人数，离开本地的日期、时间、班次、离港地点、下榻饭店等。与司

机确认会合的时间、地点及车型、车号。

②送站前 24 小时与旅游者确认送站时间和地点。

（2）协助办理退房手续，接送旅游者

①按照与旅游者约定的时间提前 20 分钟到达饭店，协助旅游者办理离店手续，交还房卡，付清账款，清点行李，提醒旅游者带齐随身物品，然后照顾其上车离店。

②如未找到旅游者，导游员应到饭店前台了解该旅游者是否已经离店。超过约定时间 20 分钟仍未找到该旅游者，导游员应向旅行社报告，请求协助查询。确认实在无法找到该旅游者后，经旅行社同意后方可停止寻找，听取旅行社指示。

③导游员送站的旅游者与住在其他饭店的旅游者合乘一辆车去机场或车站，导游员要严格按照约定的时间顺序抵达各酒店。运送旅游者途中遇到严重交通堵塞或其他特殊情况，需调整原定时间顺序或行车路线，导游员在抵达更改后的第一个酒店时，要立即报告旅行社，请求将时间的变化通知下面酒店的旅游者。

（3）旅游者的送达服务

①运送旅游者赴机场（车站、码头）途中，导游员应向旅游者征询在本地停留期间的感受与对服务的意见和建议，并代表旅行社向旅游者表示感谢。

②旅游者到达机场（车站、码头）后，导游员应提醒和帮助其带好行李与物品，协助其办理离站手续（如行李托运、领取登机牌等）。

第三节　导游服务应变能力问答题

1. 团队入住饭店后，旅游者告诉导游员，今晚有客户来拜访，请导游员帮忙调换到商务套房。导游员应该怎么办？

答：地陪应立即报告旅行社，如酒店条件可以符合旅游者要求，在得到旅行社通知后，导游员要提前向旅游者收取房间差价，协助旅游者进行换房。

2. 一个台湾旅游团共有团员 18 人，因为出现了一个自然单间，所以共需住房 10 间。到达洛阳后，有一位客人提出自己愿意付费住 单间，于是便取消了房间安排中的自然单间。第二天，领队找到导游要求将自然单间中的房费退还给他，导游员应如何处理？

答：（1）耐心向领队解释，说明以下情况：

A. 自然单间原是接待旅行社的经济损失，现在消除了自然单间，只不过减少了损失，并没有因此而增加收益；

B. 自然单间优惠原是接待社对旅游者的一种优惠，一旦取消了自然单间，也就取消了这种优惠。

（2）若自然单间的费用由领队所属旅行社负责，导游员可与本社有关部门联系，根据合同规定解决。

3. 团队入住饭店后，旅游者打电话告诉领队，所分配的房间朝向是西，触犯了自己的生活忌讳，要求调换房间。导游员应该怎么办？

答：（1）地陪应请领队在旅游团内部调整。

（2）如团队内部无法解决而酒店确有空房且不涉及价格问题，地陪可与酒店协调解决。

（3）若酒店有旅游者所要求的空房，旅游者同意补交差价，可立即交费满足其要求。

4. 前往餐厅途中，旅游者突然提出换餐怎么办？

答：（1）接近用餐时间或到达餐厅后提出换餐，如该餐厅有这项服务，地陪应协助解决。

（2）若无此项服务，可不接受其要求，但应做好解释工作。

（3）若旅游者仍坚持换餐，可建议其到零点餐厅点菜，费用自理，原餐费不退。

5. 旅游者因生活习惯不愿与其他人一起用餐，要求单独用餐，怎么办？

答：（1）由于旅游团内部出现矛盾或由于生活习惯或性格孤僻等原因，旅游者提出要求单独用餐，对此，地陪要耐心劝解，并请领队进行协调。

（2）劝说及协调无效，旅游者仍然坚持要单独用餐，地陪协助与餐厅联系，并告知旅游者餐费自理，且原餐费不退。

6. 旅游团中有五个年轻人自费到一个地方小餐馆中品尝风味之后，找到导游员要求退还他们没有用的那顿午餐的费用，导游员应该如何解释？

答：（1）根据旅游合同规定，正常情况下单项服务费不退；

（2）团队用餐统一安排，一般情况下，不可能分餐服务，更不可能单独退还一部分分餐费。

7. 有一团队在居民区散步，游客想进入居民家中看一看，他们向导游员提出这一要求时，导游员应如何回答？

答：（1）向客人说明：

A. 陌生人贸然进入居民家中属于不礼貌行为；

B. 突然的造访容易引起不必要的麻烦和误解；

C. 可在之后的旅游活动中安排家访。

（2）提醒客人尊重当地有关风俗及规定。

（3）如若执意要家访，应先与居民联系，说明情况，征得同意，方可进入。

8. 在旅游团到达洛阳后，有一位台湾游客与其失散多年的亲友取得了联系，并高兴地找到导游员，要求让其亲友随团活动，导游员应该如何解决这个问题？

答：（1）导游员应予以协助，尽量满足其要求；

（2）先了解双方关系及亲友情况，再征得领队和旅游团其他成员同意；

（3）然后到旅行社办理入团手续：出示有效证件，填写有关表格，缴纳费用。

9. 旅游者要求导游员帮忙，带他乘坐一次地铁。导游员应该怎么办？

答：（1）旅游者要求乘坐地铁，如时间允许、又不是上下班的高峰期，导游员可以满足旅游者的要求。

（2）一定提醒旅游者注意人身安全和注意保护财物安全。

10. 旅游者告诉导游员，准备参加亲友的婚礼，全天不随团队活动。导游员应该怎么办？

答：导游员可满足其要求，提醒其注意安全，保管好随身所带财物。导游员还可提供必要的帮助。

（1）帮助叫出租车，提醒其带上酒店的卡片或为旅游者写一张便条，注明客人要去的地点名称，必要时将自己的联系电话号码告诉司机。

（2）向其说明离团期间的所有费用不退，需增加的费用自理。

（3）对回团用餐的旅游者，导游员要告知用餐时间和地点。

11. 有一个旅游者向导游员提出口头投诉，对接待中的诸多方面提出了意见，导游员应如何处理？

答：（1）认真倾听：不管投诉者是否有正当理由，导游员切不可立即辩解，更不应马上否定，要让客人把话说完；

（2）调查核实：导游员应立即向旅行社及有关部门汇报，认真调查，客观分析，力求作出正确判断；

（3）正确处理：原因核实后，应向投诉者做实事求是的解释或诚恳的赔礼道歉，迅速采取措施予以纠正或赔偿；

（4）妥善处理后，应向游客表示感谢，并继续为其提供热情周到的服务。

12. 晚餐回到酒店后，旅游者告诉导游员想去酒吧街或其他繁华区域自由活动。导游员应该怎么办?

答：天气好又不太晚，导游员可满足其要求，但应提醒旅游者带上酒店卡片，不要离开太远，不要携带贵重物品，不要到秩序混乱的场所，不要太晚回酒店。

13. 一位美国老太太想购买一套中国茶具，挑来挑去也决定不了购买哪一种好，只好找导游员帮助定夺。导游员应如何给她出主意?

答:（1）应向客人如实介绍中国瓷器的品种；

（2）协助客人进行选择，实事求是地介绍情况；

（3）帮助客人对瓷器的质地和品牌进行鉴别；

（4）由客人做出最后的决定。

14. 旅游者告诉导游员，今天上午随团队购物时，所买的一只鼻烟壶有质量问题，请求导游员帮忙办理退货或更换。导游员应该怎么办?

答：导游人员应积极协助，必要时陪同前往购物商店，设法帮助解决。

15. 有位外国游客想利用中午休息时间到商业街购物，并请导游员陪同前往。导游员应该如何协助?

答:（1）如时间允许又不影响导游员对其他旅游者的照顾，可陪同前往；

（2）若不能陪同前往，可写个中文便条，注明商店的位置和拟购物品名称；

（3）商店较远，还应该叫出租车，并向司机交代清楚；

（4）提醒客人注意安全，注意下午出发时间。

16. 境外旅游者要求导游员帮忙买 4 套优质丝绸睡衣和 4 套蚕丝被帮忙寄到旅游者所在的国家。导游员应该怎么办?

答:（1）导游员可告知定点商店基本都有托运服务，或积极、热情地帮助解决。

（2）旅游者想购买的商品暂时无货，请求地陪帮助购买并托运时，地陪须请示接待社领导，被批准后接受此项委托。

（3）请旅游者写出委托书，收取必要的钱款（包括购货款、托运费、保险费、手续费等）。

（4）旅游团离开后，如商店通知货物已到，地陪应及时购买并办理托运，并将购货发票、托运单、托运费和相关费用的收据复印后，通过旅行社将原件寄送旅游者，复印件交旅行社保存，以备查验。

17. 有一位游客是位古玩爱好者，希望购买一些古玩。导游员应如何帮助他？

答：（1）建议他去文物商店购买；

（2）买妥后要提醒客人保存好发票；

（3）注意物品上的火漆印，以便海关查验；

（4）劝阻游客在地摊上购买古玩。

18. 有位客人向导游员说，宾馆房间里的小巧电熨斗他特别喜欢，能否麻烦导游员给帮忙买一个。导游员知道这种小巧电熨斗在市场是买不到的，那么，该如何满足客人的这项要求呢？

答：（1）向客人说明情况。

（2）协助客人与宾馆有关方面联系。

（3）由客人直接与有关人员交涉完成购买事项。

19. 旅游团（者）提出变更计划或活动日程的要求时，全程导游员应该怎么办？

答：（1）严守合同，落实计划；

（2）对于游客的要求要视客观条件允许与否决定是否满足，并说明理由；

（3）遇到特殊情况上报旅行社做特殊处理。

20. 旅游团（者）因遭遇不可抗拒的天灾人祸，需要中止或变更活动日程时，导游员应该怎么办？

答：（1）随机应变设法为游客排忧解难；

（2）立即报告组团社与地接社，遵照上级批示执行；

（3）全陪与地陪通力配合做好后续工作；

（4）稳定游客情绪，保持行动统一。

21. 因受暴风雪袭击，当天机场临时关闭停航，当地接待社建议原定当日乘坐 CZ5328 航班 14 时 10 分离站的 ×× 团，改乘当日 T468 次火车，19 时 45 分赴下一站，遇此情况地接导游员应该怎么办？

答：（1）（迫不得已变更离站时间或交通工具）要征得领队和全陪的同意；

（2）及时与本社内勤沟通情况，做好变更后的各项安排并通知下一站；

（3）确认车票、行李托运票；

（4）与游客协商，适当调整或增加活动项目，丰富旅行生活。

22. 一日，接到某团全程陪同电话通知，说原定当日 14 时前乘汽车抵达本市的该团，因途遇道路抢修，车辆限时限速通行，抵达时间预计推迟到 19 时左右，并且该团第二天仍然按原计划乘预订航班，12 时 15 分飞往下一站。

接此通知，地接导游员应该怎么办？

答：（1）最大限度地落实活动日程内容；

（2）及早办理退房、退车、退餐事宜；

（3）及时通知下一站。

23. 导游员按计划赶到车站接团时，不料该团客人早已在站外张望等候了20多分钟，面对这种意外的失误，应该怎么办？到底原因在何处？

答：（1）漏接原因：

A. 导游员疏忽未确认车次、抵达时刻；

B. 上站未将变更情况通知本社或导游员本人；

C. 本社内勤未将变更信息通知导游员。

（2）处理方法：

A. 向游客赔礼道歉，诚恳接受批评；

B. 实事求是说明情况，不推卸责任；

C. 以热情周到的服务赢取信任，纠错补损；

D. 吸取教训，培养仔细确认的工作作风。

24. 导游员在人流如梭、熙熙攘攘的机场（车站、码头）等候接团时，怎样做才不会错接？一旦错接又该如何处理？

答：（1）错接的预防：

A. 准时、准地举牌接站；

B. 对照确认组团社名称、团号、客人姓名、入住店名、客人乘坐的交通工具和客人的行程；

C. 与全陪（领队）相互确认接待社；

D. 提高警惕，严防歹人骗接。

（2）错接的处理：

A. 同社接错应速告本社，陪同对换与否由社里决定；

B. 外社接错要尽快找回本社团；

C. 错接外社团要尽快交还并赔礼道歉。

25. 导游员送团之日最重要的应做好哪些工作？

答：（1）确认交通票据、出发时间、出发地点、人数、行李和前往的目的地；

（2）按规定时间送达出发地点；

（3）协助办理乘坐手续，并交接好各种票据；

（4）等启程时间确定后再离去。

26. 导游员带团领到车票一看是次日6月6日0时06分始发的T888次列车，可手中的计划明明白白写的是送 6 月 5 日晚 12 时 06 分的 T888 次列车，这事使他疑惑不解，那么又怎样化解他心中的疑团呢？

答：接送客人要使用 24 小时标准计时法，次日 0 时 06 分即当晚 12 时 06 分。

27. 导游员 ××× 接受"北京、西安、洛阳三大古都览胜 9 日游"×2501 团的全程陪同任务后，一路畅行，平安无事，不料出境当日，航班以座席预订满员为由拒绝游客登机，给他来了个晴天霹雳，不知所措，这是怎么回事呢？又该如何处理？

答：（1）原因是未遵守中国民航有关出境航班需在飞机离站 72 小时前重新确认机位的规定。

（2）处理方法：

A. 尽快申请补订机位，让客人改乘最早的下一班次出境；

B. 立即向旅行社报告。全程陪同和所属社要承担相关责任和由此造成的经济损失。

28. HN0426 团由 Z 市乘汽车抵 L 市后，一位游客发觉自己的一条嵌有红宝石的金项链遗忘在 Z 市所住饭店的房间内，请全程导游员设法帮助找回，这事应该怎样处理？

答：（1）问清款式、放置地点；

（2）通知 Z 市饭店总台和 Z 市接待社地接导游员协助查找；

（3）根据行程长短，安排人送还，或请地接社设法转送至能使失主收到遗失物品的下站。

29. 李先生一家在自由活动期间在一家商店购物时，钱包被偷走，内有现金、信用卡等物，导游员闻知后应如何处理？

答：（1）详细了解并记录失窃的时间、地点和经过，失物的特征和价值。

（2）立即向当地公安部门报案。

（3）如侦破未果，由当地社开具证明，并带失主到当地公安部门备案，开具失窃证明，以便失主向投保的保险公司理赔。

（4）对失主遭窃造成的生活不便提供必要的帮助。

30. 一位外国游客在旅游期间丢失了护照，需要申请补办新的护照，导游员如何指导游客办理此事？

答：（1）由当地社出具证明；

（2）请失主准备照片；

（3）失主本人持证明到当地公安局（外国人出入境管理部门）报失，由公安局出具遗失证明；

（4）失主本人持公安局证明前往所在国驻华使领馆申请补办新护照；

（5）领到新护照后，再去当地公安局重新办理签证手续。

31. 我国公民出境去国外或港澳地区旅游时，遗失护照或港澳通行证，作为领队你应该怎样告诉失主申办新的证照？

答:（1）由当地旅行社出具证明；

（2）向当地公安局（厅）报案，并索取遗失证明；

（3）去我国驻外使领馆或驻港澳办事处申请补发新的证明；

（4）持护照者还需到所在国移民局办理签证。

32. 全陪导游员小李接到客人的电话，称其他客人的行李都已送到房间，唯独他还没见到自己的行李。导游员应该怎么办？

答:（1）先与饭店行李部核实签收件数。

（2）如果件数无误，再核实是否尚有行李未送，或是否送错房间。

（3）向本团客人查询是否错领了行李。

（4）如果饭店签收件数不符，应立即向行李运送部门查询。

33. 导游员 ××× 带领客人在某市一家餐厅用过晚餐回到停车位后，发现车辆被撬，团内 30 名游客放在车内的旅行包被盗，遇到此事应该怎么办？

答:（1）立即向当地警方报案，并保护好现场；

（2）报告旅行社领导听取指示；

（3）按警方的要求协助做好取证调查；

（4）列出失窃物的清单，请警方开具遗失证明，由客人凭失窃证明和失窃物品清单向投保的保险公司理赔；

（5）安抚失主情绪，为失主提供应急的生活必需品。

34. 在人多拥挤的景点，地接导游员怎样组织游览和防止客人走失？

答:（1）告诉游客停车地点、车号和所乘车辆的醒目标志；

（2）设定集合地点和集合时间；

（3）介绍游览路线和大致所用时间，以及万一走散后的对策和与导游员联系的方法；

（4）举旗引路，把握行进节奏，强调统一活动；

（5）与全程导游、领队配合，注意清点人数，提倡互相帮助，关心老幼病残；

（6）讲解生动有趣，吸引游客的注意力。

35. 游客单独外出时，导游员应提醒注意什么？

答：（1）要求客人记住饭店的地址、电话号码和与导游员联系的方法；

（2）介绍所去地点的交通工具、方向、路线和交通注意事项；

（3）介绍当地公共场所的治安规定和当地的风俗禁忌，劝诫不要去秩序混乱的地方；

（4）告知应返回的时间。

36. 一名游客在参观少林寺的时候走失，导游员应该怎么办？

答：（1）向团内其他游客了解情况，并请全陪、领队迅速分头去寻找，地接导游员继续组织其他客人游览。

（2）如没有找到，地接导游员应立即与游览地的派出所和景区管理部门联系，寻求帮助，同时与该团下榻的饭店联系，询问是否自行返回饭店。

（3）采取以上措施仍未找到，应迅速报告当地接待社，必要时向当地公安部门报案。

（4）找到走失者后，应问清情况，分析原因，如是导游员的原因应向走失者道歉；如责任在走失者，应向其说明利害，提醒其以后注意。

（5）事后导游员应将游客走失的原因、经过、寻找过程、最终结果当面上报旅行社。

37. 遇到游客有晕车（机、船）症状时，导游员应该怎么做？

答：叮嘱游客以下内容：

（1）上车后束紧腰带，双目微垂，不要四外环视或远眺，双手裹腹，全身放松，或减少内脏振动；

（2）事先适量服用止晕药品，往太阳穴擦少许清凉油或风油精，也可用手指按压此穴；

（3）乘车前不要多食多饮，备好清洁袋以防万一；

（4）安排前、中排就座，并叮嘱驾驶员尽量减少急刹车，注意平稳行驶。

38. 导游员 × × 带团游览清明上河园时，一位游客突然中暑晕倒了，遇到这种情况应该怎么办？

答：（1）赶紧将患者移至阴凉通风处，让其平躺，为其解开衣扣，松开腰带，使其全身放松。

（2）用湿凉毛巾为他（她）擦汗，用扇子为他（她）扇风解热，让他（她）多喝些含盐的凉开水或矿泉水补充体内消耗的水分。

（3）找些常用解暑药，按照用药说明让其服用，或为他（她）在太阳穴、前额等处涂些清凉油、风油精等外用药。

（4）对昏迷不醒的重症者要按人中穴、合谷穴进行急救，并迅速送往就近医院救治。

39. 在参观河南博物院时，一位有心脏病史的游客发病瘫倒在地，导游员见到此状应该怎么办？

答:（1）不要随意移动患者，最好让其平躺。

（2）急寻患者自备或他人携带的急救药品如硝酸甘油片剂、救心丸等，按规定剂量放入患者舌下让其含服。

（3）迅速打电话给急救中心或附近医院，请求速派医生前来救治。

（4）保持周围环境的安静，不要惊扰患者，并根据天气情况为患者遮阳挡寒。

（5）通知当地社派人跟随前往医院协助照顾患者。

40. 有一位游客在登嵩山时，不慎摔下来造成小腿骨折。导游员应该怎样处理呢？

答:（1）就地取材，用直木棍或竹片等代替夹板，临时捆绑固定受伤部位。

（2）如伴有外伤出血，要用纯净水清洁伤口周围附着的沙土和血垢等，并用干净的手帕、长巾等做止血包扎。

（3）在转送伤者去医院途中，注意间断疏松止血包扎物，以免血管受阻，肢体坏死。

（4）尽快送往医院，不要耽误治疗。

41. 旅行途中，游客患痢疾或疟疾，导游员对此应该怎么办？

答:（1）按防疫规定对患者实行隔离治疗；

（2）患者入院、中止旅行后，要通知下站人数变更；

（3）对患者用过的浴盆、马桶、被褥等要进行消毒；

（4）如条件允许，请防疫部门为同团游客注射防疫疫苗；

（5）提醒游客不吃蝇虫污染的食品，防止病从口入；注意防止蚊叮虫咬，防止血液传染。

42. 游客在旅行中死亡，导游员应该怎么办？

答:（1）立即向组团社和地接社领导报告并设法通知死亡者亲属，由地接社按照国家有关规定协助组团社和死亡者亲属做好善后工作；

（2）导游员应稳定其他游客的情绪，并继续带团活动，做好导游服务工作；

（3）如果是非正常死亡，应注意保护好现场，并及时报告当地有关部门和旅行社领导。

43. 日本战亡者遗属来华旅行期间，提出要祭奠在战争中命丧他乡的亲人，并准备在其阵亡地竖国旗、唱国歌、种植樱花树苗，导游员闻知应该怎么办？

答：（1）应当劝阻，不允许在公共场合举行这类祭奠活动，以免伤害为抗日战争付出重大牺牲的中国人民的感情。

（2）对不听劝阻者要报告有关部门严肃处理。

（3）说明道理。当年遗属的亲人被驱使充当炮灰毙命他国是日本反动派一手制造的暴虐他人、自残同胞的严重罪行，也是昔日日本军国主义战争罪犯头目带给国家的耻辱记录。如果有人执迷不悟，以耻为荣，胆敢为昔日的侵略罪行涂脂抹粉，必然要受到世界人民，尤其是战争受害国人民的强烈反对。

（4）私自携带樱花树苗入境本身已违反出入境管理法和动植物检疫法，有关部门应当没收处理。

44. 一天，意大利一个天主教会旅行团在开封一个教堂做礼拜时，团长托尼神父跟导游说他想在教堂为中国教友布道，导游如何对待这种要求呢？

答：（1）对于常规礼拜活动，经上报宗教主管部门同意后，可在指定的场所举行。

（2）宣传我国自治、自养、自传的办教政策，指出中国不干涉宗教人士的国际友好交往，但是未经我国宗教团体邀请和允许，不得擅自在我国境内传经布道和散发宗教宣传品。

（3）对不听劝阻或有意违规行事者，要立即报告宗教主管部门和公安部门予以处理。

45. 两位游客晚间在酒店的酒吧喝得酩酊大醉，摔碎了酒杯并喧闹不休，导游员如何处理这件事？

答：（1）好言规劝，尽力制止扰乱公共秩序和毁坏物品的行为。

（2）对于深度醉酒导致神志不清、无法自制的闹事者，要请有关人员协助临时隔离看管，并请医务人员设法为其醒酒。

（3）待醒者神志清醒后，要向其说明饮酒过量的危害，并要求他对由此引发的扰乱公共秩序、伤害他人身体和毁坏物品等过失行为承担相应的民事或法律责任。

46. 旅游者在游览景点时突然患病，导游员该如何处理？

答：（1）不要搬动患病旅游者，让其就地坐下或躺下。

（2）立即拨打电话呼叫救护车，或请求景点工作人员帮助。

（3）同时向旅行社报告，请求支援。

47. 导游员带团乘车由 A 市赴 B 市途中，发生了两车迎面相撞的交通事故，导游员应如何处理？

答：（1）立即组织抢救伤员，尽快设法送往就近医院治疗。

（2）保护好现场，尽快通知交通管理部门派人来现场调查处理。

（3）及时报告有关旅行社，按照下达的应急方案全力做好各项善后工作。

（4）安抚伤员，关心游客，稳定全团情绪，着眼大局，从实际出发做好继续原有旅程或调整日程的工作，精心安排组织好参观游览活动。

（5）写出书面报告，内容力求详细、准确、清楚，主要包括：事故的原因，事故发生的时间、地点和全过程，抢救措施、治疗情况，事故的责任以及对责任者的处理，游客的反应以及对事故的看法等。

48. 发生火灾事故，导游员应如何处理？

答：（1）立即报警拨打 119。

（2）火速通知全团客人。

（3）组织指挥客人通过安全通道疏散避灾。

（4）指导帮助客人自救：

A. 告诫客人不要乘电梯或随意跳楼；

B. 就地打滚或用厚重衣物等熄灭身上的火苗；

C. 遇到浓烟时，用浸湿的衣物披裹身体，掩捂口鼻，顺墙弯腰低姿转移；

D. 大火封门时，要用浸湿的衣物、被褥等堵塞门缝或泼水局部灭火，等候救援；

E. 打开朝外的窗户挥动色彩鲜艳的衣物呼唤救援人员。

（5）协助处理好善后事宜。

49. 某团客人在定点餐厅用餐后，多人出现头晕恶心、上吐下泻的症状，导游员该如何处理？

答：（1）立即采取排毒措施，设法为患者催吐，并让其多喝水，加速排泄以缓解毒性。

（2）立即将患者送往医院救治，请医生开具诊断证明。

（3）报告旅行社，请旅游主管部门和卫生主管部门对问题进行调查，若属供餐单位的原因，要追究其责任。

50. 在旅途中，如果客人因长时间颠簸晕车呕吐，污染车内设施与司机发生矛盾该如何处理？

答:（1）安排司机把车停靠到最近的服务区（特别注意：不可停在应急车道处理问题）；

（2）请客人下车暂时休息，呼吸新鲜空气，调节自己；

（3）安抚司机，并及时同司机一起处理车内被污染的地方；

（4）处理完事后，调节客人的心情并采取适当措施尽量化解双方矛盾；

（5）让客人上车，继续行程，注意调节车内气氛与客人心情。

51. 游客因团队菜质量不好要求加菜又不支出任何费用时，该如何处理？

答:（1）向客人说明原因；

（2）与餐厅负责人联系，尽量满足客人的要求；

（3）如无法满足，应向旅行社说明情况，并申请调换团队餐厅。

52. 如果游客对导游人员的讲解提出异议时，导游该如何处理？

答:（1）耐心听取客人的意见和要求；

（2）不要与客人争论、辩解，从中吸取合理成分；

（3）以客人的观点做讲解的中心，满足合理需求；

（4）假如是客人的观点错误，确认后可私下交流。

53. 遇到故意挑刺的游客，该如何处理？

答:（1）耐心听取意见，力求皆大欢喜；

（2）保持热情的态度；

（3）向挑刺的客人解释他（她）的要求是不合理、无法满足的；

（4）向领队和其他客人说明真实情况。

附 录

科目五《导游服务能力》大纲（河南省）

一、考试目的

现场导游考试在导游资格考试中，与笔试同等重要，是衡量从业者专业技能、进行资格认定的重要组成部分。通过考试，考察考生对导游规范操作技能、语言技能、讲解技能、应变能力的掌握程度；考察考生对导游应具备的基本素养、仪表、礼仪的认识和在导游实践中应该具有的应变能力的掌握程度；考察考生对导游知识的掌握程度和临场发挥能力。此外，现场导游考试，还能帮助考生提前认知导游职业角色，是导游走向正式职业岗位前的一次真实模拟实战演习。

二、考试内容

中文类考生现场考试内容包括：景点讲解、导游规范问答、应变能力问答、综合知识问答。

外语类考生现场考试内容包括：用所考语种进行景点讲解、导游规范问答、应变能力问答、综合知识问答和口译测试（包括“中译外”“外译中”）。

（一）景点讲解

主要考察考生导游讲解是否符合规范程序，考生的城市概况和景点讲解的正确性、全面性、条理性，讲解是否详略得当、重点突出并具有一定讲解技巧，以及回答景点问题的正确性。

1. 中文类景点讲解

河南嵩山少林寺景区、洛阳龙门石窟景区、焦作云台山风景名胜区、开封清明上河园、洛阳白云山景区、永城市芒砀山景区、安阳殷墟景区、三门峡函谷关、安阳红旗渠、开封焦裕禄纪念园、河南黄河小浪底风景区、济源王屋山景区、驻马店嵖岈山景区、淮阳太昊陵景区。

2. 外语类景点讲解

河南嵩山少林寺景区、洛阳龙门石窟景区、安阳殷墟景区、焦作云台山风景名胜区、开封清明上河园。

（二）导游规范问答

导游规范问答主要考察考生对导游工作职责、服务规范及工作程序的掌握和应用程度。

（三）应变能力问答

应变能力问答主要考察考生处理导游带团过程中突发事件和特殊问题的能力。

（四）综合知识问答

综合知识问答主要考察考生对河南省重要景点知识点的掌握程度。结合当前时政、经济、文化、历史及社会发展等方面情况考察考生对综合知识是否全面了解。

（五）口译测试（外语类考生）

主要考察考生在中文和外语之间口头互译的能力（外语类考生）。

后　记

2021年，文化和旅游部再次组织相关专家对2020版考试大纲进行修改并于5月公布。

为了主动适应我国旅游业快速发展对旅游专业人才的需求，满足广大考生应考的需要，我们在梳理总结历年河南现场导游考试内容及经验的基础上，结合2021年河南省《导游服务能力》考试大纲编写了本书。本书有针对性地为考生应该掌握的景区设计了讲解思路，并提炼了适合于应试要求难度的讲解词，内容系统又相对自成体系。考生可以根据实际应试准备需要全部或部分选用所提供的素材，然后根据个人的表达特点重新整合讲解词，避免考场上模拟导游讲解的"千篇一律"。本书口语化的语言风格增强了考生应试中的现场感。同时，书中还编写了现场导游考试知识问答有关内容，以方便考生应考。本书除了满足应试的需求之外，还非常注重对考生综合素养的提升，编写了语言表达技巧、现场讲解技巧等相关模块，具有较强的实用性和创新性。

本书的分工为黄安定负责全书框架和第二、第三、第四、第五、第六章编写及全书统稿，秦娟负责第一章编写，赵晶负责第七章的编写。

本书除了为参加全国导游人员资格考试的考生提供考试样本之外，还可以作为大中专院校旅游专业在校学生的学习用书。由于水平和时间所限，难免有不足之处，敬请广大专家、同行和读者指正，以便今后不断完善。

非常感谢旅游教育出版社的大力支持，大家的敬业精神和一丝不苟的态度是本书能够在短时间内得以面世的重要基础。

河南现场导游考试教材编写组

2021年7月